Homosexualidad y Juventud

ENTENDIENDO Y RESPONDIENDO A LA REALIDAD HOMOSEXUAL

Esteban Borghetti

Homosexualidad y Juventud

ENTENDIENDO Y RESPONDIENDO A LA REALIDAD HOMOSEXUAL

Esteban Borghetti

 Vida®

 **Especialidades Juveniles.com**

La misión de Editorial Vida es proporcionar los recursos necesarios a fin de alcanzar a las personas para Jesucristo y ayudarlas a crecer en su fe.

HOMOSEXUALIDAD Y JUVENTUD
Edición en español publicada
por Editorial Vida -2008
Miami, Florida
© 2008 Esteban Borghetti

Edición: Silvia Himitian
Diseño interior y de cubierta: Luvagraphics.com

ISBN - 978-0-8297-5121-5

CATEGORÍA: MINISTERIO CRISTIANO / JUVENTUD

CONTENIDO

PRÓLOGO

¡Qué audaz responsabilidad ayudar a alguien a definir su identidad y su sexualidad! Sin lugar a dudas que se trata de una responsabilidad que debe ser asumida como un privilegio. Por eso me entusiasma la llegada de este libro, que tiene el propósito de acompañarnos y de asistirnos en la aventura de ayudar a esta generación a tomar decisiones, en una sociedad en la que reinan la confusión y las ideas permisivas sobre las preferencias sexuales y la homosexualidad.

Conozco a Esteban Borghetti desde la cuna. Sí. Nos criamos juntos, prácticamente como hermanos. De hecho, en la mayoría de las fotos de nuestra infancia aparecemos el uno al lado del otro, incluso desde bebés. Compartimos la adolescencia, y a los dieciocho años también nuestros primeros pasos ministeriales. Luego tomamos caminos separados y por varios años solo supimos del otro a la distancia. Pero, en los últimos años he vuelto a conocer a Esteban y me ha asombrado su madurez, la claridad de sus ideas y su pasión por ayudar a los líderes juveniles y a los jóvenes de las iglesias. Eso se nota en este libro.

Como psicólogo, Esteban Borghetti se ha abocado a conocer y a comprender en profundidad la homosexualidad. Como pastor de jóvenes, y ahora como terapeuta, ha determinado guiar a muchos a encontrar el plan de Dios para su sexualidad. Lejos de tratar el tema con ingenuidad o con la recurrente superficialidad con que se lo aborda desde algunos púlpitos, Borghetti responde las preguntas que nos hacemos los líderes de la nueva generación y los planteos que se hacen muchos jóvenes en cuanto su propia identidad sexual.

Hoy, la homosexualidad toca la puerta de nuestras iglesias y sin dudas está instalada en la conversación de los jóvenes. Es por eso que, con un sentido de urgencia y con mucha emoción, Especialidades Juveniles presenta este libro para aquellos que quieren guiar y ayudar a los jóvenes que hoy necesitan una visión esclarecedora acerca de la homosexualidad.

Dr. Lucas Leys
Director Internacional de Especialidades Juveniles
www.especialidadesjuveniles.com

Agradecimientos

Quisiera comenzar por agradecer públicamente a Dios. «Señor, te amo con todo mi corazón y sin ti nada de esto tendría sentido».

En segundo lugar quisiera agradecer a mi esposa Ely: «Te amo. Amo las charlas contigo, amo tu sencillez, tu inteligencia y creatividad... ¡Me encanta compartir la vida contigo!» También quiero dar gracias a mis hermosísimas hijas Oriana, Chiara y Tiziana. Yo siempre digo: «Gasto toda mi plata y mi vida en mujeres», y aunque lo digo en chiste, estoy orgulloso de que sea verdad. Lo mejor que puedo hacer es gastar la vida en mis cuatro mujeres.

En especial quisiera agradecer a una colega, que es mi madre Mabel. Ella me enseñó muchas de las cosas que he escrito en estas páginas.

Gracias Lucas por tu aliento y por plantearme el desafío de escribir este libro. Eres enérgico, decidido y audaz. Siempre estás ampliando nuestros límites. ¡Gracias «hermano» por la confianza!

Por último, al equipo de producción de Especialidades Juveniles y Editorial Vida por encomendarme esta tarea y por ponerse a trabajar para que este libro esté listo. Muchas gracias.

INTRODUCCIÓN

CON EL CORAZÓN EN EL QUE SUFRE Y LA MENTE EN EL QUE LIDERA

Antes de abordar un tema, me gusta definir desde qué lugar hacerlo y con qué propósito. La frase que actúa como título de esta sección parece la más indicada para resumir el por qué y el para qué de este libro. Este es mi punto de partida: mi corazón late con aquel que sufre y mi mente está puesta en el que lidera. Estas páginas fueron pensadas para aquel que desee ponerse en el camino del que sufre y necesita ideas o consejos que lo guíen con sabiduría y conocimiento. Quien las lea, encontrará historias reales de personas que han sufrido el maltrato del pecado en su vida y de cómo han encontrado el sendero de la recuperación.

No me ha resultado sencillo escribir este libro. En todos estos años, tanto en nuestro consultorio como en numerosos encuentros en los que he tenido la oportunidad de ministrar, sea en ámbitos cristianos o seculares, he conocido cientos de historias de jóvenes que tuvieron que tomar una decisión con respecto a la atracción que sentían por personas de su mismo sexo. En muchos de los casos, según ellos mismos lo relataron, el líder de jóvenes jugó un rol crucial, aunque no siempre a la altura de las expectativas: mientras algunos ayudaron a la recuperación de estos jóvenes confundidos, otros solo aportaron su cuota a la confusión.

Lamentablemente, aunque se trata de un tema de imperiosa vigencia, en el liderazgo juvenil reina un gran desconocimiento acerca de la homosexualidad. Muchas de las historias que he escuchado durante todos estos años incluían un triste relato de cómo algunos líderes muy bien intencionados (pero con escasos recursos para abordar la temática) tomaron decisiones desacertadas y terminaron por ahuyentar al que pedía ayuda.

Por años, la homosexualidad ha sido tema de largos debates en las sobremesas de mi familia, sobre todo con mi madre, la Dra. Mabel de Borghetti. Desde entonces, vislumbramos la necesidad de brindar herramientas a las iglesias y a los líderes juveniles para ministrar y contener a aquellos jóvenes que sienten atracción por personas del mismo sexo. Muchas veces proyectamos desarrollar materiales didácticos, pero lo cierto es que nunca lo hicimos. Hasta hoy. Siempre creí que mi madre era la más indicada para esta misión, ya que su vasta historia clínica y sus cuarenta años como doctora la acreditan para semejante tarea. Pero Dios tiene planes misteriosos, ¡y he descubierto que Lucas Leys también! Así es que un día como tantos otros, Lucas pasó por casa y me planteó el desafío. Me dijo algo acerca de «autores jóvenes que escriban desde el frente de batalla para los líderes juveniles». La idea primero me sedujo y después me convenció.

Hoy tengo el gusto de liderar la Fundación Grupo Integra (www. grupointegra.org), que desarrolla programas de atención a jóvenes que sienten atracción por personas del mismo sexo. También trabajamos en la formación de líderes que estén interesados en orientar a otros en esta problemática. He sido pastor de jóvenes y me gusta creer que este libro pueda hacer algún aporte, desde la experiencia, al trabajo de aquellos que tienen la nada sencilla tarea de guiar a los jóvenes en sus decisiones.

[1]

El ser humano, un ser integral

1. EL SER HUMANO, UN SER INTEGRAL

«El niño [Jesús]crecía y se fortalecía; progresaba en sabiduría, y la gracia de Dios lo acompañaba» (Lucas 2:40).

No constituye una novedad. Ni para los médicos, ni para los psicólogos, ni para los antropólogos, y mucho menos para los pastores y líderes cristianos. A esta altura de la historia de la humanidad, todos sabemos que cuando nos referimos al ser humano lo hacemos de una forma integral. No obstante, muchas veces la atención y la ayuda que brindamos no reflejan ese concepto.

Mucho tiempo antes de que la psicología y la antropología modernas se ocuparan del tema, la Biblia documentó el insistente deseo de Dios de mostrarnos un ser integral, creado con un cuerpo, un alma, un espíritu y una naturaleza social. Es decir, que precisa vivir en sociedad. Quisiera que prestáramos atención a un interesante relato que habla acerca de la manera en que Jesús crecía. Lucas 2:52 (RVR 60) dice: «Y Jesús crecía en sabiduría y en estatura, y en gracia para con Dios y los hombres».

Este pasaje señala que el desarrollo de Jesús se daba en cuatro áreas: En *sabiduría*, el crecimiento psicológico e intelectual; en *estatura*, pudiéndose pensar en el desarrollo físico o biológico; en *gracia para con los hombres*, en el área social y en *gracia para con Dios*, que nos lleva a pensar en el crecimiento espiritual.

El apóstol Pablo refuerza esta idea cuando le escribe a la iglesia en Tesalónica para pedirle que *«Dios ... santifique por completo, y conserve todo su ser — espíritu, alma y cuerpo — irreprochable»* (1 Tesalonicenses 5:23). Aquí, Pablo deja claramente plasmado que el cuidado del cristiano debe dirigirse a «conservar», a mantener, a lograr un desarrollo integral.

Este mismo concepto de integración vale para la sexualidad. Esta será una expresión que integre todo el conocimiento, el comportamiento, las creencias, las actitudes y los valores del individuo. Abarca dimensiones que tienen que ver con la anatomía, la psicología y la bioquímica de la respuesta sexual del sujeto; también con su identidad, su orientación, sus funciones y su personalidad, además de sus pensamientos, sentimientos y relaciones.

Sin embargo, esta no es una concepción que se restrinja al ámbito cristiano. La Organización Mundial de la Salud (OMS) define la sexualidad como «la integración de los aspectos físicos, emocionales, intelectuales y sociales de un ser humano de manera que permiten un enriquecimiento positivo y mejoran la personalidad, la comunicación y el amor». Como verán, al hablar de sexo, estamos hablando del ser humano completo.

JUSTAMENTE, LA SEXUALIDAD ES EL MEJOR PARÁMETRO PARA MEDIR LA PLENITUD DE UNA PERSONA, YA QUE ABARCA EN SÍ MISMA LA EXPRESIÓN DE UN CONJUNTO MUY GRANDE DE OTRAS ÁREAS DEL SER HUMANO.

Es por eso que cuando hablemos de homosexualidad, páginas más adelante, enfatizaremos la importancia de comprender y de contener a los jóvenes desde un punto de vista integral.

Como diría la Dra. Ana María García Martín: «Todos los valores éticos, espirituales, culturales y morales, influyen en la expresión de la sexualidad».

NACEMOS CON UN SEXO BIOLÓGICO, ANATÓMICO, GENÉTICO Y PSICOLÓGICO. NUESTRA SEXUALIDAD SE EXPRESA EN LA INTERACCIÓN DE CADA UNA DE ESAS ÁREAS.

«¿Cuál es el principal órgano sexual?» Esa es la pregunta con la que comienzo la charla, cada vez que me invitan a hablar en talleres de educación sexual y homosexualidad. Por supuesto, los primeros que responden son los hombres: «El pene», responden. Aunque intuyo que algunos quisieran responder «mi pene». Formamos parte de una cultura muy machista...

Pero muchos se sienten desorientados cuando meneo la cabeza y sigo mirando al auditorio en búsqueda de más respuestas. Entonces los desafío a pensar que en realidad es el cerebro.

Es así. El cerebro es el principal órgano sexual. Si el cerebro se excita, entonces nuestros órganos genitales también lo harán. Por eso debemos entender que una sana y correcta sexualidad comienza en el cerebro, en nuestros valores, en nuestro espíritu, en nuestro entendimiento y en nuestra mente.

Hacia allí nos enfocaremos a lo largo de los próximos capítulos. Buscaremos ver a Dios trasformando nuestro ser de forma integral y nosotros acompañaremos la acción. El desafío que nos queda por delante es descubrir que la homosexualidad también es un asunto integral y que debemos trabajar desde una perspectiva completa del ser humano a la hora de ministrar a otros.

[2]

La realidad estadística

2. LA REALIDAD ESTADÍSTICA

¿Qué creen los jóvenes de nuestra iglesia sobre la homosexualidad? ¿Hay en nuestro grupo jóvenes que se enfrentan con el dilema de tomar una decisión sobre su orientación sexual, o se trata de una realidad muy distante y distinta de la que viven nuestros adolescentes? Incluir un capítulo con algunos datos estadísticos sobre este punto resultará esclarecedor y nos permitirá aproximarnos de otra forma a la situación del grupo con el que trabajamos.

Lo cierto es que no existe mucha investigación sobre esta temática en ámbitos cristianos. Por eso creo que será de gran utilidad el estudio que realizaron los doctores José Luis y Silvia Cinalli (cuyos resultados pueden leerse en *www.placeresperfectos.com.ar*). Para realizar este trabajo, ellos entrevistaron a 1425 jóvenes de entre 12 y 30 años, pertenecientes a 80 grupos juveniles evangélicos, de 30 localidades (25 de Argentina y 5 de Paraguay) de 10 provincias distintas y de 15 denominaciones diferentes. Los resultados del trabajo arrojan datos alarmantes y que necesitan una rápida atención por parte del liderazgo.

Para que interpretemos la gravedad de la realidad que desnuda la encuesta, quisiera acotar que, según nuestra propia experiencia clínica y pastoral, más del ochenta por ciento de los chicos que luchan contra la homosexualidad fue víctima de caricias, manoseos o abuso sexual por parte de un adulto antes de cumplir los 12 años.

La encuesta señaló que de cada diez jóvenes de un grupo cristiano:

- Al menos cuatro tuvieron experiencias sexuales negativas en la infancia.

- Dos fueron manoseados o «acariciados» por un adulto.

- Uno sufrió abuso sexual físico, sin llegar a violación.

- De cada quince jóvenes, uno fue violado en la niñez.

Permítanme expresarlo de otro modo. Si estos datos son reales y en tu grupo juvenil tienes unos 80 miembros, como mínimo tienes...:

- Treinta jóvenes que tuvieron una experiencia sexual negativa en su infancia

- Dieciséis de ellos fueron acariciados por un adulto

- Ocho de tus adolescentes fueron abusados

- Tres jóvenes fueron violados

¿Lo sabías? ¿Qué hemos hecho al respecto? No es ficción. Esto está pasando dentro de nuestro grupo juvenil, y si todavía no nos hemos enterado, quizás sea porque no hemos generado los espacios propicios para que nuestros jóvenes hablen del tema.

Cuando les preguntaron a los mismos jóvenes en qué ámbito les gustaría abrirse, el sesenta por ciento señaló «en la iglesia», antes, incluso, que en su propio hogar.
Este dato nos coloca a los líderes en un lugar de mucha responsabilidad: nuestros jóvenes no solo nunca fueron ministrados acerca de estas vivencias traumáticas de su niñez, ¡sino que esperan que nosotros los ayudemos a sanar esas heridas! ¿No es eso de lo que predicamos tan seguido también?

Ahora, esto se pone un poco más complicado: Estas encuestas antes mencionadas señalan que el noventa por ciento de los abusos contra menores son cometidos por un familiar directo o por una persona muy cercana al entorno del niño. Esta situación no varía según la región o la ciudad y es presumible para cada rincón del mundo hispano.

Si esta vivencia traumática de la infancia no es sanada (si no ministramos al respecto), generará un campo propicio para que durante la pubertad germine la semilla de la duda acerca de la identidad de género u homosexualidad.

Los niños y las niñas que han sufrido este tipo de experiencias son más propensos a desarrollar miedo a ser homosexuales, a tener episodios de atracción homosexual durante su pubertad y a luchar contra la indefinición sexual.

También se han recogido datos preocupantes acerca de cómo estas experiencias traumáticas en la infancia inciden en la vida sexual adulta. Las personas que durante su niñez sufrieron manoseos o abusos han tenido mayor cantidad de parejas que el resto, una iniciación sexual más temprana, y una mayor tendencia a la promiscuidad e incluso a la prostitución. Se encontró también que son mayores las probabilidades de disfunciones sexuales en la vida adulta y la tendencia a la inestabilidad emocional y a la culpabilidad.

No es muy difícil de entender el por qué de estas conductas en la vida adulta, a partir de semejantes experiencias en la niñez. Pensemos por un momento que el adulto que causó el daño es el padre, el tío, o ese amigo de la familia que durante mucho tiempo brindó cariño, regalos y cuidado. Se trata de un adulto que gozaba de toda la confianza y admiración del niño. Sin embargo, un día comenzó a someterlo a distintas vivencias, causándole una confusión terrible: «¿Lo hace porque me quiere? ¿Habré hecho algo malo? ¿Me habré portado mal?», se preguntará. O tal vez... «¿Le gusto a mi papá?», o «¿Será que soy una niña, por eso hace esto conmigo?» Cuestionamientos de este tipo comienzan a inundar su mente, llevándola a una desestructuración o fragmentación tan grande que posiblemente fracture su desarrollo psicosexual. Es muy probable que ese mismo niño o niña, en la adolescencia comience a luchar con dudas y pensamientos homosexuales, producto de esas vivencias.

RESULTA INSOSLAYABLE Y URGENTE QUE COMO IGLESIA Y COMO LÍDERES RETOMEMOS LA TAREA DE GENERAR ESPACIOS EN NUESTROS PROGRAMAS JUVENILES PARA MINISTRAR SANIDAD SOBRE LAS HERIDAS QUE HAN ABIERTO ESTAS VIVENCIAS DE LA NIÑEZ.

[3]

Antecedentes de la homosexualidad, avances y estrategias del activismo gay

3. ANTECEDENTES DE LA HOMOSEXUALIDAD, AVANCES Y ESTRATEGIAS DEL ACTIVISMO GAY

Con la colaboración de la Dra. Mabel Borghetti

Las cosas no ocurrieron de la noche a la mañana ni son el producto de un proceso natural de «mayor apertura» propia del siglo veintiuno. Es imperioso que dejemos de creer puerilmente que la explosión de la homosexualidad en América Latina se debe a la casualidad o al normal «progreso» de la sociedad. En ese sentido, considero de vital importancia que como lideres, tengamos una visión completa de la historia de la homosexualidad que nos permita identificar las estrategias de «evangelización» o proselitismo de los movimientos pro homosexuales en todo el mundo.

Detrás de cada movimiento sociopolítico que brega por los derechos homosexuales se esconde un macabro plan ideado para la confusión y la desorientación sexual. Para esto le he pedido a la Dra. Borghetti que presente de forma resumida el resultado de sus investigaciones, realizadas durante los últimos años, en materia de homosexualidad y homosexualismo. Mabel Borghetti es doctora en Psicología Clínica y directora de «Retorno», Movimiento Cristiano de Ayuda para la Recuperación del Homosexual. Por más de catorce años ha trabajado en Argentina en la ayuda al joven homosexual y a su familia. Creo que no hay nadie mejor que ella para enseñarnos sobre los avances y las estrategias en materia de homosexualidad.

1) ANTECEDENTES

A pesar de que la homosexualidad se hizo manifiesta desde la antigüedad, hasta mediados del siglo XIX no existió ningún trabajo científico o sistemático sobre el tema. Recién después de 1850 se editó el primer trabajo del sexólogo alemán Von Krafft Ebing. Este autor consideraba la homosexualidad como una patología congénita que, que según Ebing, debía ser despenalizada, ya que en esa época era considerada un delito. Según él, la homosexualidad solo se daba en personas con trastornos psiquiátricos.

En sus trabajos, realizados entre 1905 y 1915, Sigmund Freud la asoció con la perversión sexual, aunque no le daba a este término una connotación moral. Para Freud, la homosexualidad era una fijación, un regreso a etapas infantiles no resueltas en el desarrollo psicosexual.

Fue en 1948 cuando apareció un trabajo de Alfred Kinsey, un entomólogo estadounidense que revolucionó el concepto de sexualidad sostenido hasta entonces. Ese año se publicó su informe sobre «El comportamiento sexual del hombre». Este trabajo, sin tener ningún rigor científico, aportó datos estadísticos sobre la conducta sexual del hombre norteamericano. Sin embargo, este estudio fue realizado con personas que no representaban al ciudadano promedio, ya que el universo de estudio se compuso de delincuentes convictos y de personas con diferentes patologías sexuales. Se sabe que el propio Kinsey practicaba diversas perversiones. Cinco años después, publicó otro trabajo: «La conducta sexual de la mujer». A pesar de las limitaciones científicas mencionadas, los dos escritos tuvieron una repercusión inesperada. Incluso hoy se los sigue teniendo en cuenta en muchos círculos intelectuales. Sin dudas, fue un precursor de la conocida «Revolución sexual» de la década del 60. El movimiento de protesta homosexual organizado tuvo su inicio en 1969, en el «Stonewall», un bar gay de Nueva York. Por más de veinte años, llevó a cabo marchas por los derechos gay. El 25 de abril de 1993, en Washington, la marcha en pro de los derechos homosexuales pasó a llamarse «Marcha del Orgullo Gay». Durante la primera manifestación, ellos expresaron demandas como:

1. Que se legalice cualquier tipo de orientación sexual, y asimismo los «matrimonios» entre personas del mismo sexo y la adopción de niños por parte de parejas homosexuales.
2. Que se utilice parte del dinero de los impuestos para financiar operaciones de cambio de sexo.
3. Que se permita la plena participación de las personas de diferente orientación sexual en los programas de educación de guarderías infantiles y organizaciones escolares.
4. Que se legalice la inseminación artificial de lesbianas, prohibiendo que se exprese preocupación acerca de la homosexualidad «basada en conceptos religiosos».

2) AVANCE DEL HOMOSEXUALISMO

Como se ha dicho, si bien la homosexualidad existe desde la antigüedad, es innegable que en los últimos treinta años se ha producido un avance de la práctica homosexual, presentándola como una alternativa tan válida como la heterosexualidad. Los movimientos pro-gay no se han detenido en su búsqueda de reconocimiento y aceptación.

En el boletín interno de la Asociación Internacional de Lesbianas y Gays (ILGA, por sus siglas en inglés), en un editorial publicado bajo el título de «Avanzamos», en julio de 1978, dice: «Tras años de campaña tenaz e ininterrumpida, en los que hemos participado modificando resoluciones en toda clase de Foros Internacionales, hemos conseguido influenciar con nuestro pensamiento sobre diversos gobiernos. Es una historia impresionante y aún queda mucho por hacer. Estamos involucrados en campañas a través de todo el planeta».

Por el logro obtenido hasta ahora no quedan dudas de que cuentan con un pertinaz propósito.

La Argentina no está al margen de este avance. El activismo gay cuenta con dos organizaciones que trabajan sin tregua y son las responsables de todos los logros alcanzados:

1. La CHA (Comunidad Homosexual Argentina)

2. La SIGLA (Sociedad de Integración de Gays y Lesbianas Argentina, representante local de ILGA)

En julio de 2003, se celebró en este país la primera unión civil entre homosexuales, la primera también en América Latina. Cinco años más tarde, en enero de 2008, los protagonistas de esa unión celebraron su «matrimonio» en España, donde fueron declarados «marido y marido». Volvieron al país con el firme propósito de presionar ante la justicia y ante los legisladores para que autoricen los casamientos entre personas del mismo sexo.

3) ESTRATEGIAS

Es evidente que el movimiento gay realiza su trabajo sin pausa, en forma organizada y con objetivos claros a cumplir, desafiando los obstáculos que saben que deben sortear. Es por eso que trabajan desde diferentes ángulos del quehacer humano: la salud, lo legal, lo cultural, lo religioso, lo político, lo social, lo educativo y también lo jurídico, entre otros.

A- EN EL CAMPO DE LA SALUD

En 1973, la Asociación Americana de Psiquiatría (APA, por sus siglas en inglés) retiró el concepto de homosexualidad de su Manual de Desórdenes Mentales. Esa decisión de no considerarla un desorden emocional estuvo más basada en argumentos políticos que en evidencias científicas.

Lo expresó así ILGA, en otro de sus boletines internos: «Desde un principio, ILGA fue un instrumento para la eliminación de la homosexualidad de la clasificación internacional de enfermedades de la Organización Mundial de la Salud y continuaremos trabajando».

Por supuesto que esta declaración se hace en documentos internos, ya que en los medios de comunicación se consideró la medida de APA como una confirmación de que la homosexualidad es una conducta natural, que no debe que ser objetada.

El 9 de mayo de 2001, los principales diarios de los Estados Unidos publicaron una declaración formulada durante el Encuentro Anual de Psiquiatría por el Dr. Robert Spitzer, jefe de Investigación Biométrica y profesor de Psiquiatría de la Universidad de Columbia, Nueva York. Este destacado profesional, como una de las autoridades de APA, había sido uno de los impulsores de la decisión de retirar la homosexualidad del Manual de Desórdenes Mentales. Spitzer expresó que había comenzado el estudio de la conducta homosexual de forma escéptica, creyendo que nada ni nadie podía cambiar la orientación sexual de una persona. «Ahora pienso que eso es falso –expresó–. Después de casi treinta años de investigación, compruebo que debido a una combinación de terapia y oración, un alto porcentaje de hombres y mujeres no volvió a manifestar atracción homosexual hasta la fecha y en otro número considerable, su atracción fue mínima».

La comunidad homosexual adjudicó a una «influencia religiosa», las nuevas declaraciones del Dr. Spitzer, que es humanista y ateo. El investigador lo descartó. Contestó que era agnóstico.

La investigación de este médico fue publicada por los diarios USA Today, The Washington Post, The New York Times y enviada a cientos de periódicos locales de ABC News. El Dr. Spitzer confrontó la afirmación proveniente de los grupos gays de que la terapia de cambio causa daño, depresión y hasta suicidio entre pacientes qué no han encontrado un cambio exitoso. El conocido médico contestó: «No hay duda de que muchos que no tuvieron éxito en su intento de cambio se volvieron depresivos; no discuto eso. Pero encuentro también sujetos que cometieron suicidio por la razón opuesta: frente a profesionales que les expresaron su imposibilidad de cambio».

B.- EN EL CAMPO JURÍDICO

El activismo gay realiza permanentemente una reinterpretación de los derechos humanos, unido a reformas de la ley antidiscriminatoria. A partir de la década del '80 se reformularon fundamentos de la teoría legal tradicional que se hicieron sentir en el área del derecho internacional.

TANTO LA JURISPRUDENCIA FEMINISTA COMO LA LLAMADA «TEORÍA LEGAL HOMOSEXUAL», VEN AL DERECHO COMO UN INSTRUMENTO PARA PROMOVER LA HOMOSEXUALIDAD. SE BUSCA LA LEGALIZACIÓN DE CIERTAS CONDUCTAS A FIN DE JUSTIFICAR SU PRÁCTICA.

Es bueno recordar al filósofo francés del siglo XVII, Charles Montesquieu, autor de *El espíritu de las leyes*, que afirmó: «Una cosa no es buena porque se haga ley; debe ser ley porque es buena».

Acorde con los cambios legales, se impulsa una redefinición del lenguaje. Por ejemplo: el término familia es suplantado por «parentalidad». Esposos por «cónyuges». Padre o madre por «progenitor». Y con la palabra «matrimonio» (término que recientemente se atreven a usar) se refieren tanto a uniones heterosexuales como a uniones entre personas del mismo sexo.

C.- EN LOS MEDIOS DE COMUNICACIÓN

La comunidad homosexual no escatima esfuerzos para dar a conocer sus ideas y halla en los medios masivos de comunicación su mejor caja de resonancia. En un reportaje realizado por la Licenciada Ana Milagros Chavarri a Marcelo Suntheim para el portal de Internet *www.ilustrados.com* en noviembre de 2005, Suntheim expresó: «Presentamos ante los medios los nuevos tipos de familia, porque la visibilidad y exposición son fundamentales para que sea conocida nuestra realidad homosexual y aceptada por mayor número de personas. Nos conectamos permanentemente con periodistas y tratamos de estar presentes en cualquier manifestación social, relevante o no, siempre aprovechando cualquier espacio para hacer oír nuestra postura y nuestros reclamos». Cabe aclarar que Marcelo Suntheim junto a Cesar Cigliutti (presidente de la CHA - Comunidad Homosexual Argentina) fueron los protagonistas de la primera unión civil homosexual en Latinoamérica en julio de 2003.

D.- EN EL CAMPO RELIGIOSO

El avance ha llegado hasta las instituciones religiosas. El Reverendo Givson, perteneciente a la Comunidad Metropolitana de abierta predisposición gay, declara que se han propuesto fundar una «nueva iglesia completamente inclusiva que crecerá en fuerza, mientras que también prestará su voz a los cristianos que han sido marginados por un anticuado sistema de administración». Esta frase fue expresada en un discurso realizado en el establecimiento de nuevas cedes en Kenia y Uganda, donde el líder eclesiástico no dejó dudas que cuando menciona a los cristianos marginados, hace referencia a las minorías homosexuales Keniatas y Ugandesas. La iglesia Comunitaria Metropolitana nació luego de un servicio en la «Gay – Friendly» en Beverly Hills, bajo en nombre de «Fraternidad Universal de Iglesias de la Comunidad Metropolitana».

Es la denominada «Iglesia Evangélica Gay», constituida por los miembros de la Comunidad Metropolitana, la Iglesia del Rio de la Plata y un número creciente de iglesias luteranas están presente en varios países del mundo. El número de asistentes se incrementa día a día. Han armado una reinterpretación bíblica y una particular fundamentación teológica de la que se sirven para reivindicar su homosexualidad.

Las llamadas «iglesias evangélicas gay», nacieron como una forma de conciliar la orientación sexual con su necesidad religiosa. En Buenos Aires, la congregación denominada «Otras Ovejas» es una de las más representativas de esta comunidad, y expresan: «¿Condena la Palabra de Dios la homosexualidad en la Biblia? Los estudiosos más destacados como John Boswell, profesor de historia de la Universidad de Yale; William Countryman, profesor de Nuevo Testamento en la Universidad de Berkley y Robin Scroggs, del Union Theological Seminary, nos muestran que aquellos que perciben en los pasajes bíblicos una condena a la homosexualidad, ha sido por una errónea traducción y una pobre interpretación de los textos». Esta expresión del pensamiento evangélico gay se encuentra en el libro titulado *Lo que la Biblia realmente dice sobre la homosexualidad*, siendo su autor Daniel A. Helminiak (Editorial Eagles), y en la dedicatoria de dicho libro leemos «para todas las mujeres lesbianas y para todos los hombres gay que creen en un Dios bueno, que respetan la Biblia y que desean poder creer en sí mismos». El autor pretende «conciliar en el lector dos aspectos que hasta ahora han sido incompatibles para muchas personas: sus creencias religiosas y su orientación sexual». El profesor James Nelson, de United Theological Seminary, expresa: «El libro del Dr. Helminiak es un lúcido y accesible tratado dentro de las corrientes actuales de los estudios bíblicos ... este texto tendría que servir a la iglesia para conciliar la creencia cristiana y la orientación sexual».

E.- EN EL CAMPO EDUCATIVO

El ámbito educativo se mantuvo por muchos años fuera del alcance del movimiento pro-gay. Sabían que no era un terreno fácil de influenciar, aunque eran conscientes también de que si lo lograban, adquirirían transparencia y aceptación social desde la niñez. Y así, hallaron un espacio propicio: la educación sexual en las escuelas. En diferentes países, comenzaron a aparecer proyectos y planes de educación sexual. Su fundamentación se basó en realidades incontrastables: el alto índice de embarazos adolescentes y la proliferación de las enfermedades de transmisión sexual, en especial, del virus de HIV.

En el diseño de estos proyectos, la organización pro-gay vio la puerta de entrada abierta para inmiscuirse. Por supuesto, lo hizo sin identificarse y esgrimiendo razones como las mencionadas.

El Señor nos permitió participar de las audiencias públicas que se realizaron en los ámbitos legislativos de nuestro país, cuando se instaló el debate sobre la educación sexual en las escuelas. Junto con otros profesionales cristianos, tuvimos la oportunidad de dialogar con los legisladores y de confrontar a los representantes del movimiento gay, cuando los diputados se aprestaban a sancionar un proyecto de ley de educación sexual obligatoria para todas las escuelas públicas y gratuitas del país, que había sido confeccionado por la comunidad gay.
Entonces, las autoridades nos solicitaron que presentáramos otro proyecto de educación sexual «basado en valores». Así lo hicimos, y finalmente se aprobó una ley de educación sexual obligatoria para alumnos de todos los niveles, aunque se autorizó a que cada institución educativa le imprimiera su propia perspectiva, en base a sus creencias filosóficas, religiosas y éticas.

F.- OTRAS ESTRATEGIAS...

Es asombroso que permanentemente se muestren nuevos campos de conquista: turismo gay, hoteles exclusivos para parejas homosexuales, geriátricos, organizaciones sociales y culturales... Como ellos lo expresan: «Van por más».

Frente a este avance del mal, cabe la pregunta: ¿Qué estamos haciendo como cristianos para frenar su carrera? ¿Nos mantendremos indiferentes? ¿Miraremos para otro lado?

Que tengamos el fervoroso deseo de cumplir la voluntad de Jesús, de ser luz y sal en un mundo tan alejado de Dios.

[4]

Ideología de género

4. IDEOLOGÍA DE GÉNERO

Debemos estar preparados para enfrentar la lucha que viene de forma inminente en torno a la familia y la sexualidad. Tal vez a muchos el término «ideología de género» les suene como algo alejado de las conversaciones regulares. Quizás, a algunos les resulte completamente nuevo y hasta les parezca un lenguaje ajeno. Pero detrás de esas palabras se encuentra una de las estrategias más poderosas de este siglo para la destrucción de la familia.

Durante el año 2005 trabajamos en la Legislatura de la Ciudad de Buenos Aires en la elaboración de un proyecto de ley de educación sexual obligatoria en aulas y espacios educativos de escuelas públicas y privadas de la ciudad. La iniciativa de participar activamente en el diseño de la ley surgió cuando tomamos conocimiento de que los legisladores porteños estaban por votar a favor de un proyecto de ley presentado y redactado por la Sociedad de Integración de Gays y Lesbianas de Argentina (SIGLA). Si ese texto se convertía en ley, a nuestros niños se les enseñaría que la elección de un estilo de vida homosexual es sana y correcta. También se postulaba que entre los diez y los doce años (edad crucial en la que se define la identidad sexual), los niños pudieran ser orientados libremente hacia la «perspectiva de género». Allí, ese término que se presenta como «inofensivo», supuestamente «objetivo» y de avanzada cobra una dimensión alarmante y destructora.

UNA IDEOLOGÍA QUE ATACA A LA FAMILIA

Los redactores del primer proyecto de ley citaban como precedente la incorporación del término en las distintas constituciones de las grandes ciudades de América Latina, y en particular en la carta magna de la Ciudad Autónoma de Buenos Aires. En efecto, en la constitución porteña se menciona de forma implícita y explícita la «perspectiva de género». En el capítulo 3, «Educación», se lee: «...contempla la **perspectiva de género**». En el capítulo 9 se habla de «igualdad entre varones y mujeres», y en el artículo 38 se expresa: «La ciudad incorpora la **perspectiva de género** en el diseño y ejecución de sus políticas públicas y elabora participativamente un plan de igualdad entre varones y mujeres». Años más tarde de la aprobación de la constitución de la ciudad de Buenos Aires, tuve la oportunidad de dialogar con distintos convencionales constituyentes. Algunos de ellos me confesaron que nunca hubieran votado a favor de la aprobación del texto si hubieran conocido cabalmente la ideología que se ocultaba detrás de ese término.

Fue así que comenzamos a interiorizarnos acerca de esta perspectiva y nos encontramos con una ideología que se presenta en forma engañosa y sutil pero que ataca las bases mismas de la estructura familiar.

¿QUIÉNES SOSTIENEN ESTA IDEOLOGÍA? ¿CUÁNDO NACIÓ? ¿CÓMO PIENSAN SUS REPRESENTANTES?

Fue en septiembre de 1995, durante la IV Conferencia Mundial de las Naciones Unidas sobre la Mujer, que por primera vez el concepto de «perspectiva de género» se adoptó públicamente. La cumbre, realizada en Beijing, China, fue el escenario escogido por un grupo de mujeres que alzó su voz para difundir la teoría. Se las conoce como las «feministas de género», para diferenciarlas del movimiento feminista de mediados del siglo XVIII que tanto luchó en defensa de los derechos de la mujer, por su «igualdad, desarrollo y paz».

Los impulsores de la perspectiva de género afirman que las diferencias entre el varón y la mujer, fuera de lo anatómico, no corresponden a una naturaleza preestablecida. O sea, que no necesariamente quien nace con pene debe ser varón, ni quien nace con vagina debe ser mujer.

Proclaman que el género es una **construcción cultural independiente del determinismo biológico,** y de esta manera hombre-masculino podría encontrarse en un cuerpo tanto femenino como masculino, y que mujer-femenino podría encontrarse tanto dentro de un cuerpo masculino como femenino. «La inexistencia de una herencia femenina o masculina —expresa la feminista de género Judith Butler— nos permite rechazar la supuesta superioridad de uno u otro sexo y cuestionar la existencia una forma natural de sexualidad humana».

Sobre este punto, me gustaría dejar en claro que no estoy en contra de la libertad de pensamiento y creencias. Cada uno pueda pensar y postular lo que quiera, siendo esto parte del «libre albedrío» con el cual Dios formó a los seres humanos. En cambio, me opongo a que un sector quiera hacer de su visión una ley universal, a la cual nosotros y nuestros hijos nos debamos ajustar.

Los ideólogos de la teoría de género niegan que exista un condicionamiento genético para la diferenciación del hombre y la mujer. Dejan librada a una elección personal la definición del género del individuo, siendo todas las opciones igualmente válidas. Cada persona puede elegir su comportamiento sexual, más allá de su condición física. La naturaleza estorba. La realidad de la naturaleza, incomoda. Por eso debe desaparecer. Esta teoría relativiza la noción de sexo de tal modo que indica que no se debe hablar de lo masculino y de lo femenino, sino de muchas orientaciones sexuales. Llegan así a considerar que no hay solo dos sexos (hombre y mujer), sino cinco: homosexual, transexual, heterosexual, travesti y bisexual. Son diversas opciones de expresión de la libre elección de cada persona.

Todas estas ideas se encuentran en el límite de un pensamiento que pretende ser liberal, renovado y amplio; pero que, paradójicamente, encubre ideas altamente destructivas.

ESTA IDEOLOGÍA BASA LOS ROLES MASCULINOS Y FEMENINOS EN UNA «CONSTRUCCIÓN CULTURAL», EN LA QUE CADA UNO PUEDE ELEGIR LIBREMENTE QUÉ ROL ADOPTAR. TODA LA MORAL QUEDA LIBRADA A LA DECISIÓN DEL INDIVIDUO, PROCURANDO QUE DESAPAREZCA AQUELLO QUE DISTINGUE LO BUENO DE LO MALO. LO QUE CONSTRUYE Y LO QUE DESTRUYE. NO HAY QUE SER MUY IMAGINATIVO PARA DESCUBRIR LO DEVASTADOR QUE ESTE PENSAMIENTO PUEDE RESULTAR.

Es importante tomar conciencia de lo peligroso de esta ideología que, con un lenguaje aparentemente amplio e integrador, busca avanzar, tomar posición y ser parte activa de la planificación conceptual de los sistemas educativos en diferentes países.

Según Dale O'Leary (autora de numeroso ensayos sobre la mujer y participante de la conferencia en Pekín), el feminismo de género nació de una interpretación neomarxista de la historia. Carl Marx veía la historia de la humanidad como una lucha entre clases, entre opresores y oprimidos. Del mismo modo O'Leary, citando el libro de Federico Engels *El origen de la familia, prosperidad y estado*, expresa que las feministas de genero radicales proclaman que «El primer antagonismo de clases coincide con el antagonismo entre el hombre y la mujer unidos en matrimonio monogámico» y «la primera opresión de una clase sobre otra, es la del sexo femenino oprimido por el masculino».

Según las feministas de género, el marxismo fracasó en su intento por conseguir la desaparición de las clases sociales porque se centró en luchas económicas, sin atacar la primera causa de esa diferenciación: LA FAMILIA.

Por ello, el blanco principal de la teoría de género es la destrucción familiar. La principal razón del rechazo de las feministas a la familia es que para ellas, esta institución básica de la sociedad crea y apoya el sistema de clases. «Nuestras familias –expresan– nos enseñan la religión de ser buenos ciudadanos y es tan completa la hegemonía, que aceptamos como naturales pautas que son solo construcciones culturales». Esta perspectiva considera a la familia como el principal generador de desigualdad de derechos. Postula que a ninguna mujer debe fomentársele la elección de ser madre, esposa y ama de casa, ya que quedarse en el hogar impide la realización personal. Se busca que la mujer se sienta más identificada con aquellos intereses que comparte con otras mujeres que con sus «deberes» dentro del contrato familiar. Se insiste en la construcción de otro tipo de familia, porque la actual «esclaviza a la mujer» y condiciona socialmente a los hijos para que acepten a la familia, al matrimonio y a la maternidad como algo natural y bueno.

SEGÚN ESTA IDEOLOGÍA, NO SOLO DEBE DESAPARECER LA FAMILIA BIOLÓGICA, SINO QUE SE DEBE REEDUCAR A LAS GENERACIONES SIGUIENTES BAJO UN NUEVO CONCEPTO.

Influir en la educación es la principal estrategia para intentar cambiar los principios sobre los roles del hombre y la mujer en la sociedad. Por eso, los activistas buscan incluir la perspectiva de género en todo currículum educativo. No hay dudas de que trabajan incansablemente para lograr su cometido.

Este ataque abierto a la familia contrasta notablemente con lo expresado en la Declaración Universal de los Derechos Humanos, formulada en 1948 por la Organización de las Naciones Unidas. En el artículo 16, se expresa que «*La familia es el elemento natural y fundamental de la sociedad y tiene derecho a la protección de la sociedad y del estado*».

En la misma línea, el feminismo de género promueve la libre elección en asuntos de reproducción y de estilos de vida. Cuando hablan de «elección en la reproducción» se refieren al aborto, y con el término «estilo de vida» buscan avalar al derecho reproductivo de la mujer lesbiana. El «derecho a elegir la identidad sexual» quedó incorporado en la declaración de la cumbre de Beijing, en 1995. El documento expresa: «Las abajo firmantes hacemos un llamado a los estados miembros a reconocer el derecho a controlar el propio cuerpo...»

La perspectiva de género desconoce y desvaloriza la fe. Sus impulsoras señalan que «*La religión fue inventada por los hombres para oprimir a las mujeres*». Las teólogas de este pensamiento llegan a desechar el concepto de Dios y hablan de la diosa Sophia, feminizan la deidad y promueven el descubrirla y adorarla. Desprecian toda verdad revelada. Esta ideología, ya instalada en nuestro medio, constituye una amenaza para nuestra concepción cristiana de Dios y de la familia.

CLAVES INELUDIBLES

Esta ideología levanta las banderas de la no discriminación, de la libertad, de la felicidad y de la igualdad. ¿Suena bien, no? Pero sucede que se trata de las mismas banderas que como iglesia nosotros hemos dejado abandonadas, al no haberlas enseñado a la sociedad. Del mismo sitio olvidado en el que las dejamos fue de donde las tomaron las feministas de género. Dios le dio a la iglesia la responsabilidad de defender el derecho y la igualdad de la mujer frente al hombre. Dios nos dio la responsabilidad de integrar a todos, sin importar la forma en que cada uno se expresara o su diferente manera de pensar. Tenemos que ser la expresión viva de la Palabra de Dios en este mundo. Debemos amar como él lo hace... Pero, en muchas ocasiones, hemos estado muy lejos de actuar como Cristo. Lamentablemente hoy estas banderas están en manos de grupos «humanistas» que pretenden enseñar la igualdad y la libertad de un modo equivocado.

Esta ideología errónea que atenta contra las bases cristianas de la familia debe ser enfrentada. No solo con palabras sino con hechos. Considero que es prioritario y necesario que la iglesia y los líderes reconozcamos que el maltrato al que fue sometida la mujer a lo largo de la historia no fue planeado por Dios, sino que es producto del pecado y de las ansias de poder que se hallan enraizadas en el corazón del hombre.

EL GRAN DESAFÍO QUE ENFRENTAMOS COMO LÍDERES DE LAS FAMILIAS CRISTIANAS DEL SIGLO XXI ES MOSTRAR AL HOMBRE Y A LA MUJER EN IGUALDAD DE DERECHO Y DIGNIDAD; CON DIFERENTES FUNCIONES, PERO COMPLEMENTARIOS EL UNO PARA CON EL OTRO Y EDUCANDO A LOS HIJOS EN EL AMOR DE DIOS.

Debemos manifestar que la voluntad de Dios es el **matrimonio monogámico y heterosexual.** Esta relación fue establecida por el Creador del universo y no por la cultura occidental, por lo que su validez es **plena y universal.** El énfasis bíblico está en armonía con el plan único de Dios. Por ello encontramos tantos pasajes, sobre todo en el Nuevo Testamento, que hablan del comportamiento heterosexual apropiado, mencionando los actos que se salen de este propósito como un desajuste con respecto al plan de Dios.

Como cristianos creemos que hay esperanza para las personas con problemas de orientación sexual, al igual que para todo otro desajuste que las aleje del propósito de Dios en su vida.

Nuestra actitud hacia el individuo que ha elegido otro estilo de vida deberá estar cargada de tolerancia, amor y aceptación. No miraremos «la paja en el ojo ajeno» ni levantaremos el dedo acusador (y marginador), sino que actuaremos con amor y claridad para transmitir el propósito de Dios para la familia.

La Biblia dice que nadie está exceptuado de tener que enfrentar «tendencias carnales y tentaciones diversas». Por eso, como cristianos, no debemos aceptar ninguna posible expresión de discriminación. Tanto el hombre como la mujer fueron creados a imagen y semejanza de Dios. Cada uno tiene particularidades que deben ser puestas al servicio del otro, en amor, para alcanzar el enriquecimiento mutuo. No les coloquemos «etiquetas» a las personas. Todos somos objetos del amor de Dios. Miremos a cada uno como el especial tesoro que es para Dios, y evitemos los rótulos negativos. Esa es una de las enseñanzas más importante que podemos dejarles a nuestros jóvenes. El Espíritu Santo en la vida del ser humano es el único que da poder para abandonar este, y cualquier otro desajuste moral.

[5]

¿Quiénes son homosexuales?
Definición y generalidades

5. ¿Quiénes son homosexuales? Definición y generalidades

La mayoría de las personas homosexuales cree que nació con «esa condición». Con frecuencia, esta creencia brinda alivio y retira la responsabilidad personal a la hora de tomar decisiones y querer cambiar. Sin embargo, **no existe sólida evidencia científica con respecto a que una persona nazca homosexual.** La mayoría de las personas homosexuales son genéticamente iguales a los individuos heterosexuales. Es decir, que son hombres o mujeres completos en todo sentido.

A lo largo de este capítulo analizaremos algunas posibles causas. Para tener un punto de vista correcto, tengamos en mente que en el desarrollo de la homosexualidad conviven varias realidades: los genes, el ambiente familiar, la fe, las experiencias de la infancia y los acontecimientos sociales, entre otras variables que pueden «influir» sobre el resultado, pero no necesariamente producirlo.

La homosexualidad no es el resultado lineal de un factor, sino una compleja intercalación de diversos factores.

Efectivamente, no existe ninguna evidencia científica que avale la teoría genética de la homosexualidad o que demuestre que esta pueda ser innata. Los estudios que han querido sugerirlo se han visto muy cuestionados por contener serios errores metodológicos. Especialistas en homosexualidad que trabajan en asociaciones científicas como la Asociación Nacional de Investigación y Terapia de la Homosexualidad (NARTH, por sus siglas en inglés, cuya página en Internet es www.narth.com) afirman que se trata de un «desarrollo inadecuado de la identidad sexual». La verdad es que el debate científico aún no ha terminado y puede continuar por muchos años. Lo curioso es que, en un principio, la mayoría de los activistas gays a nivel mundial invertían mucho dinero y tiempo en investigaciones que avalaran la teoría de que la homosexualidad era innata. Pero en las últimas décadas, esto ha cambiado. Hoy, la mayoría de ellos afirma que una persona no nace homosexual sino que con orgullo elige ese estilo de vida.

Las posibles causas de la homosexualidad que se detallan a continuación surgen de investigaciones publicadas por diversos especialistas y de la experiencia adquirida durante todos estos años por los que hemos acompañado, tanto desde el pastorado como de nuestro consultorio clínico, a cientos de jóvenes en el «camino» de regreso a la heterosexualidad. Ese «camino» es único e individual, aunque existen muchas experiencias y vivencias en común. Conocerlas puede servir de guía y de aliento para aquellos que transitan este sendero de retorno al propósito original de Dios para su vida.

¿Qué es la homosexualidad?

Es muy difícil definir la homosexualidad en una frase. Intentaremos hacerlo adoptando una definición que la Dra. Mabel de Borghetti formuló unos años atrás:

«Es una vivencia bio-psico-social-espiritual en la que la persona siente un impulso adictivo y erótico hacia personas del mismo sexo y que usual, pero no necesariamente, tiene relaciones de intimidad física con estas».

Hemos elegido esta definición por ser más completa e integral con respecto a la amplitud de la problemática que muchas otras.

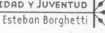

Esta definición contempla tres conceptos:

1. El concepto de integridad.

«ES UNA VIVENCIA BIO-PSICO-SOCIAL-ESPIRITUAL».

Todo lo que le ocurre al ser humano lo influye de un modo integral. Sería erróneo pensar que la homosexualidad tiene que ver con solo una de estas áreas. Si bien podemos encontrarnos con el hecho de que una de estas áreas sea la más afectada, siempre estarán presentes las otras tres. Si no tenemos en cuenta esta realidad, al momento de ministrar u orientar a nuestros jóvenes podemos ser escasos en cuanto a la ayuda que les ofrecemos. Imaginemos, por ejemplo, que un joven concurre a la iglesia a pedir el consejo de un líder sobre el noviazgo, y este solo le habla de las relaciones prematrimoniales y no se interesa en cómo está compuesta su familia, qué vivencias previas al noviazgo ha tenido, si estudia, si podría mantener económicamente un hogar, o cómo está su relación con Dios. Deberíamos tener una visión más amplia de lo que ocurre, que abarque el estado de la familia, la situación espiritual, el tipo de relaciones sociales que establece el joven, su aspecto y estado físico y sus vivencias psicológicas.

Todas estas áreas juegan un papel relevante en la definición de la identidad de género u homosexualidad. No podemos atribuirlo unilateralmente a un área. Es una interacción compleja entre diversos factores y vivencias.

En el capítulo referente a «Cómo ayudar», ofreceremos algunas pautas más detalladas acerca de lo que significa, cada una de estas áreas. También brindaremos algunos consejos para poder desarrollar una visión global.

2. El concepto de adicción y erotismo.

«SIENTE UN IMPULSO ADICTIVO Y ERÓTICO HACIA PERSONAS DEL MISMO SEXO».

Aquel que siente atracción por otra persona de su mismo sexo y desea cambiar, se encuentra en una situación similar a la de aquel que vive en el mundo de las adicciones y quiere dejar de consumir. Ambos sienten un impulso hacia la satisfacción de un deseo. Pero el cambio no se logra con solo proponérselo. No es tan sencillo como decir: «Listo, pastor, lo entendí. Hoy cambio».

LO QUE SE HA INSTAURADO EN LA MENTE Y EN EL CUERPO DE ESTAS PERSONAS ES UNA ADICCIÓN, Y SALIR DE ELLA LLEVARÁ TIEMPO, TRABAJO Y MUCHA VOLUNTAD.

En los procesos de recuperación de los jóvenes a los que he asistido, con frecuencia suelo escuchar: «Cuando veo una pareja de novios que camina por la calle, aunque no quiera, nace sin proponérmelo un deseo fortísimo de mirar al hombre». Lo sienten como una fuerza interna que golpea sus mentes y los inclina hacia la homosexualidad. He escuchado a muchos líderes y pastores dar consejos de este tipo: «¡No sientas eso!»; «¡No permitas que esos pensamientos se metan en tu cabeza!»; «¡En el nombre de Jesús, echa fuera ese pensamiento!» Si bien la intención del consejo es correcta, no debemos olvidar que a la persona le puede resultar difícil y a veces hasta imposible controlar ese tipo de pensamiento adictivo que irrumpe en su mente. Salir de la homosexualidad es un proceso de restauración que toma tiempo. El primer logro no es que los hombres no le gusten más, sino que desarrolle la capacidad de volver a empezar cada vez que se equivoca. Retomaremos este concepto en los capítulos 8 y 10.

3. El concepto del estilo de vida homosexual.

«USUAL, PERO NO NECESARIAMENTE TIENE RELACIONES DE INTIMIDAD FÍSICA CON PERSONAS DE SU MISMO SEXO».

En nuestras iglesias hay muchos jóvenes que luchan con este impulso. No han tenido ningún tipo de encuentro físico e íntimo con otra persona, pero viven toda la duda en cuanto a una posible homosexualidad. Muchos de ellos llegan a resolver sus dudas homosexuales sin nunca haber tenido un encuentro íntimo con personas de su mismo sexo. Es que la homosexualidad no está solo asociada con la intimidad físico-genital entre personas del mismo sexo, sino con los sentimientos que tiene un joven con respecto a sí mismo frente a la atracción sexual, física, social o psicológica que ejercen sobre él personas de su mismo sexo. Técnicamente a esto lo llamaremos identidad de género, concepto que retomaremos más adelante.

[6]

Las raíces de la homosexualidad

6. LAS RAÍCES DE LA HOMOSEXUALIDAD

La homosexualidad es una conducta aprendida inconcientemente durante el desarrollo psicosexual en la infancia y en la adolescencia. Nuestra psicosexualidad se desarrolla bajo el mismo proceso evolutivo que se desarrolla nuestro físico. Si año tras año podemos esperar que un niño desarrolle diferentes habilidades acordes con su edad evolutiva, como gatear, caminar, correr y saltar, de igual forma podemos esperar que aprenda y desarrolle habilidades sociales (masculinas o femeninas) acordes con su edad psicosexual.

EL CASO DEL LESBIANISMO

Si bien el camino que la niña recorre para llegar al desarrollo de una identidad lésbica es un poco más complejo que el del hombre, hay componentes similares, y salvo lo expresado en este capítulo, ya que desarrolla las raíces de la homosexualidad masculina, el resto del libro se aplica tanto para hombres como para mujeres que sufren de esta misma problemática.

Es bueno igual hacer evidente que a lo largo de este libro se encuentren mayor cantidad de ejemplos y énfasis en el homosexualismo masculino que en el lesbianismo, y esto es por varias razones. En primer lugar, mi experiencia clínica en la atención de jóvenes con atracción al mismo sexo fue mayormente con varones y por ende esto me ha llevado a investigar y desarrollarme más en la homosexualidad que en el lesbianismo. Esto no es casual, las mismas estadísticas antes mencionadas nos muestran que la población de jóvenes varones con miedos y vivencias homosexuales es el doble que la de mujeres. No obstante todos hemos visto que esto esta cambiando. El pedido de atención y ayuda por parte de la mujer que lucha con esta problemática ha aumentado considerablemente y me hace pensar que esta proporción entre hombres y mujeres se está achicando. Muchas chicas dentro de nuestras iglesias están experimentando este tipo de vivencias y sin dudas necesitan ser asistidas. La segunda razón es que el tema es tan complejo e interesante que en el futuro queremos dedicarle una publicación más específica.

De todas maneras, aquí hay algunas ideas importantes a tener en cuenta:

Para entender correctamente el desarrollo de la homosexualidad femenina, deberíamos tener bien presente la injerencia de la cultura dentro de esta problemática. A lo largo de los años han tenido mucho más permisos para expresar cariño y afecto entre ellas que los hombres. En la cultura latina no es mal visto ver a una mujer que le acomoda el pelo a la otra, que la pinta o le retoca el maquillaje, ver a dos mujeres caminando de la mano por la calle, o el pedido de una amiga a ser acompañada al baño de un restaurante por otra amiga. Muchas de las chicas que hoy me consultan se encontraban envueltas en este tipo de costumbres culturales en donde encontraron más espacio para llevar en forma oculta sus dudas de identidad de género.

Otra variable es la horrible realidad del abuso sexual. Hace unos meses atrás, durante un seminario en el sur de mi país, me encontré con la tremenda situación de que muchas chicas habían sido iniciadas sexualmente por su padre o familiar directo como parte de la costumbre de esa región. Esto golpeó fuerte mi corazón. No solo habían sido abusadas, sino que esto era considerado como una acción «normal» dentro de la intimidad del hogar. Este tipo de vivencia tiene un doble impacto, el deterioro psicológico y la necesidad de un cambio cultural.

Y por último está el avance del tema en el ámbito juvenil de hoy. Es muy común para los adolescentes ver en las discotecas bailables a chicas que se besan y se tocan como parte del ritual de seducción frente al hombre. Resulta ser culturalmente aceptado que dos adolescentes, para llamar la atención del hombre, tengan un tipo de práctica homosexual sin que se las considere lesbianas por tal acción. Este tipo de «libertades culturales» ha traído confusión a muchas chicas jóvenes que por «jugar» con este tipo de acción se han visto envueltas en procesos de duda en su identidad de género. Seguramente en próximos escritos profundizaremos estos temas y desarrollaremos algunas ideas de las causas de la homosexualidad femenina.

EL DESARROLLO PSICOSEXUAL

A medida que el niño crece, se espera que experimente diferentes vivencias que construirán su psicosexualidad en forma sana. Contraer una enfermedad o padecer un accidente podrían afectar el crecimiento físico del niño. Lo mismo ocurre en el campo de la psicosexualidad. Podemos pensar entonces que hay vivencias que pueden desviar el desarrollo psicosexual. En nuestra experiencia, encontramos que la mayoría de los chicos con problemas de homosexualidad han vivido malas experiencias en la infancia, ya se trate de abuso sexual por parte de algún adulto cercano a la familia, o de una mala identificación con su padre o madre (el niño con su padre y la niña con su madre).

La relación con los padres y el rol parental son pilares fundamentales en el desarrollo correcto de su psicosexualidad. En las vivencias del hogar es donde se da la identificación por parte del niño con la figura parental del mismo sexo. Esta identificación es vital para el desarrollo de la sexualidad del niño.

NO PODEMOS IGNORAR ESTO. EL PADRE O MADRE SON SUMAMENTE IMPORTANTES PARA EL CORRECTO DESARROLLO PSICOSEXUAL DEL NIÑO. SI HILAMOS UN POCO MÁS FINO, PODEMOS DECIR QUE EL ROL DEL PADRE TOMA EL LUGAR DE MAYOR PREPONDERANCIA EN LA DEFINICIÓN DEL TIPO DE ROL SEXUAL DE LOS HIJOS.

El padre (o su figura sustitutiva, ya sea un tío, un abuelo, el líder de la iglesia, el pastor) es quien confirma al hijo o hija en su rol. El padre es quien le dice a la niña: «¡Qué linda estás hoy!», «¡Qué linda te queda esa ropa!», «¡Qué linda mujer que eres!», «Las niñas hacen esto o aquello». Y es el padre también el que acompaña al pequeño a practicar deportes y le muestra cuál es el rol del hombre en ese deporte. También es el padre el que le muestra cómo se trata a otros hombres. Y cómo a las mujeres, por el modo en el que trata a su esposa. Además, será él quien establezca un patrón de actitudes frente al trabajo y las responsabilidades de la vida adulta.

Cuando tenía ocho años, mis padres se separaron. Comenzó una época muy difícil para mí, que marcó mi vida hasta el día de hoy. En esa época en la que yo comenzaba la etapa más importante de la identificación con la figura del hombre, quedé en casa viviendo con mi mamá, mi hermana, mi abuela, mi prima y ¡mi perra! Sabiamente, mi madre vio ese cuadro y tomó una decisión: buscó una iglesia en la que hubiera líderes masculinos con los que yo pudiera identificarme y a los que adoptar como modelos de vida. Ella buscaba constantemente que pasara tiempo con amigos de la iglesia que pertenecían a hogares bien constituidos, en los que yo pudiera apreciar cómo era el rol de un padre. Fue así que los líderes de adolescentes de nuestra iglesia marcaron mi vida y Dios los utilizó como modelos de referencia.

LA IDENTIFICACIÓN CON LAS FIGURAS PARENTALES SE DA FUNDAMENTALMENTE EN EL PLANO INCONSCIENTE DEL APRENDIZAJE, SIN QUE LOS PADRES Y LOS NIÑOS LO PERCIBAN.

Puede ser difícil entender de qué modo la personalidad de base de un niño, el ambiente en el que crece y las relaciones con sus padres son factores que interactúan e influyen en el resultado de aquello que el niño es y será. Pero hay que destacar que son factores que influyen pero no determinan. Cada uno de nosotros nace con el mandato biológico de ser macho o hembra; existe una norma genética que marca al feto como tal, pero para que esto se cristalice en que ese macho llegue a ser hombre y en que esa hembra llegue a ser mujer, se necesita de un entorno adecuado y de las vivencias familiares adecuadas que le permitan a ese niño identificarse como hombre o como mujer. En palabras difíciles sería: «el aprendizaje a través de la identificación con las figuras parentales guía el proceso psicoevolutivo hacia una correcta identidad de género».

Permítanme hacer una paráfrasis y una síntesis de *La interacción compleja de los genes y el ambiente: Un modelo para la homosexualidad*, de Jeffrey Satinover (M.D. NARTH Collected Papers), ya que explica muy bien el posible proceso de desarrollo de la homosexualidad.

Nuestro escenario comienza con el nacimiento. El chico que un día puede tener que luchar contra la homosexualidad nace con ciertos rasgos que, de algún modo, son más característicos entre los homosexuales que dentro de la población general. Algunos de estos rasgos pueden ser heredados (genéticos), mientras que otros podrían haber sido causados por el «ambiente intrauterino» (por las hormonas). Esto significa que un joven sin esos rasgos tendrá menores probabilidades de llegar a ser homosexual frente otro joven que sí los tenga. ¿Cuáles son esos rasgos? Muchos de ellos deberían ser considerados como verdaderos «dones», antes que como características problemáticas. Por ejemplo, una disposición «sensible» frente a la realidad, un fuerte impulso creativo, un gran sentido de lo estético. Se siente incómodo con el típico modelo áspero y desordenado de sus semejantes masculinos. Quizás esté más interesado en el arte o en la lectura, que en el fútbol o el rugby. Estas características de personalidad no tendrían mayor incidencia en el posterior desarrollo de la homosexualidad si el ambiente social no marcara al chico como «diferente».

Cuando sea adolescente y piense en su niñez, recordará un «mal emparejamiento» entre lo que necesitaba y anhelaba y lo que su padre le dio. Esto podría ser porque su padre se mostraba claramente distante; o quizás porque las necesidades del niño eran bastante especiales; o porque su padre, un hombre decente, no encontraba nunca la forma correcta de relacionarse con él. Quizá porque no le gustaba la sensibilidad de su hijo y realmente lo rechazaba. En cualquier caso, la falta de cercanía con el padre puede conducir al chico a separarse bruscamente de él, o a «excluirse defensivamente», como un modo de autodefensa. Se da entonces no solo la ausencia de un padre, literal o psicológicamente, sino también la *defensa psicológica* de ese niño frente a ese padre que no lo entiende y/o no lo acepta.

Pero lamentablemente, esta separación brusca de su padre y del modelo de rol «masculino» que necesita, también le deja menos capacitado para relacionarse con sus semejantes varones. Es probable que el chico se encuentre en medio de una relación problemática con ambos padres, ya que la madre asume conductas complementarias a las del padre. Eso solo contribuirá a distorsionar aun más la imagen que tiene el niño de sí mismo.

Por todas estas razones, cuando como adulto mira hacia atrás y se remonta a su infancia, recuerda: «Desde el comienzo fui diferente. Nunca me llevé bien con los chicos de mi edad y me sentía más cómodo entre las chicas». Esta memoria exacta hará que sienta su posterior homosexualidad convincentemente como si hubiese estado «preconfigurada» desde el comienzo de su existencia.

Aunque tiene «exclusión defensiva» con respecto a su padre, el joven todavía lleva en su interior un deseo terrible de relación, de amor y de los abrazos que su padre nunca le dio y que él no pudo tener. Posteriormente desarrollará uniones no sexuales intensas con chicos mayores que admira, proyectando en ellos el mismo anhelo y deseo, pero la misma vivencia de insatisfacción. Cuando llegue a la pubertad, los impulsos sexuales se combinarán con esa cada vez más intensa necesidad de intimidad y cordialidad, comenzando a desarrollar los primeros pensamientos de deseo homosexual. Posteriormente recordará: «Mis primeros deseos sexuales no se dirigieron hacia las chicas sino hacia los chicos. Nunca me interesaron las chicas».

Sus deseos, ahora sexualizados, no pueden negarse por mucho que quiera combatirlos. En algún punto se rendirá a sus deseos profundos de amor y comenzará a tener experiencias homosexuales voluntarias.

Encuentra –posiblemente para su horror– que esos deseos viejos, profundos y dolorosos son satisfechos, al menos temporalmente, y por primera vez, a través de ese encuentro homosexual. Aunque este tipo de práctica le cause un conflicto intenso, no puede evitar admitir que el alivio es inmenso. Ese sentimiento temporal de confort es tan profundo que volverá a buscar satisfacerlo, de la misma forma que un adicto vuelve a buscar el alivio temporal de la droga. Por mucho que lo combata, se encuentra conducido poderosamente a repetir la experiencia. Y cuantas más veces lo haga, más se reforzará la idea de hallar alivio, y esto aumentará exponencialmente las posibilidades de que lo repita otra vez, aunque con un sentido de culpa y de rechazo.

[7]

Preparemos la pared. ¿Qué se necesita para recibir ayuda?

7. PREPAREMOS LA PARED. ¿QUÉ SE NECESITA PARA RECIBIR AYUDA?

Por once años fui pastor del área infanto-juvenil (para menores de 21 años) en una iglesia de la zona norte de Buenos Aires. En más de una oportunidad llevamos a los adolescentes a colaborar en la refacción de algún colegio u hospital de la zona. No había tarea peor que se les pudiera encomendar que preparar la pared. Ellos querían pintar directamente, mientras nosotros tratábamos de mostrarles que la pared necesita preparación antes de que se la pueda pintar. Ellos querían verla linda lo más pronto posible, pero por buena que fuera la pintura, si la colocaban sobre la pared con manchas de humedad y partes descascaradas, tarde o temprano las manchas volverían a aparecer.

Creo que como líderes, muchas veces nos comportamos del mismo modo que estos adolescentes. Queremos poner manos a la obra y ayudar a quien lo necesita. Pero si no preparamos la pared antes de pintar, es muy posible que nuestro trabajo no surta el efecto buscado. Debemos limpiar, lijar, revocar y hasta restaurar los cimientos para después pintar y decorar.

Este es el énfasis de este capítulo: preparar la pared. Para ello, analizaremos qué necesita una persona que siente atracción por personas de su mismo sexo para poder recibir ayuda.

PEDIR Y BUSCAR AYUDA

No se puede ayudar a aquel que no quiera ser ayudado. Este es uno de los principios fundamentales de la ayuda al otro y a la misma vez puede ser una de nuestras mayores frustraciones. En casi todos los seminarios que damos se me acercan jóvenes para preguntarme cómo ayudar a *fulano de tal* a cambiar o a salir de su problemática. Lo primero que les pregunto es: «¿Él quiere ser ayudado? ¿Pidió ayuda?» Porque no se puede ayudar a aquel que no lo desea. Me asombra ver a Jesús preguntándole a un ciego qué quería de él. ¿No era obvia su necesidad? Sí, sin embargo, Jesús consideró que el pedido debía salir de la persona.

ES DIFÍCIL PERMANECER EN ORACIÓN FRENTE A LA NECESIDAD DEL OTRO, PERO ESE ES EL MEJOR LUGAR PARA ESPERAR A QUE LLEGUE EL RECONOCIMIENTO, EL PEDIDO DE AYUDA Y, LO QUE ES AUN MÁS IMPORTANTE, LA BÚSQUEDA DE AYUDA.

RECONOCER QUE SE TIENE UN PROBLEMA

Pedir ayuda implica reconocer que uno tiene un problema. Esto es ampliamente positivo en varios sentidos:

- El joven tomará conciencia de que no puede solucionarlo solo. Es muy frecuente que los adolescentes intenten luchar con sus propias fuerzas contra la adicción, y esto solo intensifica la problemática e incrementa la frustración y la confusión.

- Lo llevará a confesar sus temores y ansiedades. El mismo hecho de hablar con otra persona sobre el estado de su corazón traerá alivio a su carga, obviamente si el líder sabe acompañar a un corazón cargado.

- Sacará a la luz áreas ocultas de su corazón y solo entonces el amor de Jesús comenzará a sanar su interior.

DISPONERSE A CAMBIAR, ACEPTAR, PERDONARSE Y PERDONAR

Es importante que la persona entienda que «el bienestar» que espera alcanzar no será un logro inmediato sino el resultado de un proceso. Tomará tiempo y esfuerzo. Como pastor y como psicólogo, debo luchar a diario con el pensamiento mágico de muchos jóvenes. No sé de dónde procede tal creencia, pero es como si muchos de ellos esperaran frotar la lámpara, que saliera el genio y les concediera tres deseos. O sacar la bolilla ganadora que les cambie la vida para siempre. Del mismo modo, creen que se puede hacer la «oración mágica» que solucione todos sus problemas.

He visto que Dios tiene dos formas de actuar en una vida: por medio del milagro o a través del proceso. El milagro es ese accionar de Dios que elude todo proceso natural: una enfermedad se sana de forma inmediata y sin la intervención médica; un trámite se concreta sin esperar los tiempos de su cumplimiento. Es todo aquello que sucede de forma sobrenatural e inmediata. Los milagros llenan de felicidad nuestras vidas; sin embargo, Dios trabaja más la «modalidad proceso» que la «modalidad milagro». Ocurre que el proceso también es un milagro, pero que nos incluye. Involucra nuestro carácter y nuestra voluntad.

AQUEL QUE QUIERE SER AYUDADO DEBE ACEPTAR QUE HAY CAMBIOS QUE HACER, Y QUE NO POCAS VECES ESOS CAMBIOS IMPLICAN RENUNCIAR.

¿A qué? A nuestros deseos de venganza para perdonar; renunciar a las fantasías de éxito y perfección y perdonarnos a nosotros mismos; a lo que debía haber sido y aceptar las cosas como son y como sucedieron, sobreponiéndonos a las injusticias que hemos padecido.

ENCARAR UN REAPRENDIZAJE DE LA IDENTIDAD

Al haber vivido muchos años con una identidad homosexual, la persona ha desarrollado conductas y costumbres homosexuales.

POR ESO, AQUELLOS QUE DECIDAN CAMBIAR DE VIDA DEBERÁN ENCARAR UN REAPRENDIZAJE DE COSTUMBRES QUE REQUIERE MUCHA PACIENCIA.

Deberán aprender una nueva forma de vincularse con su familia y de entretenerse. Incorporarán nuevos hábitos, aprenderán cómo vincularse con el otro sexo y con el mismo sexo. El manejo del tiempo, la forma de comunicarse, los modales y hasta ciertas conductas «amaneradas», deberán reeducarse. Obviamente, este proceso llevará tiempo y será en la modalidad *ensayo y error*. Sin embargo, además de tiempo, serán necesarias paciencia y fortaleza para consolidar una nueva conducta y transformarla en nueva identidad.

Descubrir que tiene una nueva oportunidad

Con frecuencia, aquel que se acerca a pedir ayuda llega a nosotros después de recorrer un largo camino en el que solo ha cosechado heridas y frustraciones. Nuestra tarea será alentar a ese corazón abatido con las buenas nuevas del evangelio. Infundirle esperanza sobre lo que Dios quiere y puede hacer con su vida. Es probable, incluso, que en ese camino el joven haya experimentado una frustración con respecto al auxilio de Dios. Quizás haya probado diferentes métodos y hecho diversas oraciones con la esperanza de que mágicamente lo condujeran a una salida. Pero eso no ha ocurrido. Por eso, nuestra misión como líderes es poner su vida en perspectiva, de modo que el joven sea capaz de dimensionar aquello que le ocurrió en el pasado y de vislumbrar aquello que Dios, en este nuevo tiempo de búsqueda, quiere y puede hacer en él. Este es el primer paso para conducirlo a encarar el proceso de sanidad.

[8]

Ponerse al lado

8. PONERSE AL LADO

Este capítulo abordará una de las preguntas que le dan razón de ser a este libro: ¿Cómo ayudar? Nuestra intención es brindar a los líderes de jóvenes la mayor cantidad de herramientas posibles para que puedan guiar a aquel que necesita restaurar su identidad sexual. Por eso, antes de avanzar en la respuesta a la pregunta, quisiera hacer una advertencia de suma importancia:

NO BASTA CON EL DESEO DE AYUDAR.

Si bien resulta fundamental, cuando no utilizamos las herramientas adecuadas caemos en un pozo y nos lastimamos. No solo nosotros, sino también a aquel al que estamos tratando de guiar.

Lamentablemente, en muchas ocasiones he visto jóvenes hermosos con mucho entusiasmo, amor y voluntad que se comprometieron con una tarea para la que no estaban preparados y terminaron lastimados, confundidos y frustrados. Jesús nos advierte: «¿Acaso puede un ciego guiar a otro ciego? ¿No caerán ambos en el hoyo?» (Lucas 6.39). Es por ello que si vamos a comprometernos con el proceso de cambio de la identidad sexual de una persona, lo primero que tenemos que evaluar es nuestra propia sexualidad. Jesús nos dice que para guiar a un ciego no podemos tener problemas de visión. Entonces, para guiar a otro joven, debemos estar seguros de que nuestra identidad sexual goza de plena salud, ya que en el proceso nos encontraremos con charlas y confesiones que pueden confundir nuestro corazón y tentarnos a dudar de nuestras decisiones. Por eso, además de adquirir conocimiento y preparación técnica para poder ayudar a aquel que siente atracción por personas de su mismo sexo, escudriñemos la sanidad de nuestra propia identidad sexual.

Algunas de las limitaciones para trabajar en la orientación de personas homosexuales son: tener miedo a ser homosexual, sentir dudas acerca de la propia identidad sexual, haber pasado por alguna experiencia sexual negativa en la infancia que no haya sido tratada y sanada, usar y aun abusar de la pornografía, tener alguna adicción sexual, creer que uno lo sabe todo, tener falta de capacitación, o ser menor de edad.

Ahora, entonces, hablaremos de lo que se necesita para poder ayudar a otros.

Disponibilidad afectiva sostenida en el tiempo para poder «ponernos al lado» del que pide ayuda

Como en todo otro proceso de ayuda, lo primero que debemos hacer es crear en nuestro corazón un espacio para contener y acompañar a aquel que lo necesita. Nuestra experiencia indica que la restauración es un proceso prolongado en el que indefectiblemente habrá éxitos y fracasos. Cuando alcanzamos éxito, solemos sentirnos animados y actuamos como un verdadero sostén para aquel que pidió la ayuda. Pero es en los momentos de fracaso cuando la persona más necesita de nuestra asistencia. En el camino de la recuperación debemos ser una lámpara y un bastón para alumbrar los próximos pasos y para sostener a aquel que cae. Muchas personas ayudan a otros en tiempos de bonanza y bienestar, pero en épocas de tempestad y dificultades, cuando las fuerzas flaquean y se pierde la voluntad, dejan solo al necesitado.

Por eso mismo es necesario que comprendamos que para ayudar a otros se requiere de la disponibilidad plena de nuestro afecto; que haya espacio en nuestro corazón para amar a alguien más, dedicarle tiempo, interesarnos por su vida, escuchar sus alegrías y sus problemas. Recordemos que:

«COMPRENDER» NO ES LO MISMO QUE «CONSENTIR».

Aquel que se enrole en el camino de ayudar a otro, luchará entre dos tensiones: comprender lo que al otro le sucede sin juzgarlo, y a la vez, hacerle saber que no avala su conducta. No es sencillo, pero debemos hallar el equilibrio que nos permita **señalar el pecado y al mismo tiempo amar sin condiciones. Será un gran desafío para todo aquel que emprenda la tarea de ayudar a otro a restaurar su identidad sexual.**
Por último, en este primer punto, no perdamos de vista que nuestra misión es acompañar. Nuestro lugar es «al lado» del que nos necesita. No nos pondremos delante para parar con nuestro pecho los ataques, o para asumir la toma las decisiones. Tampoco iremos detrás, exponiéndolo a enfrentar en soledad las situaciones que se le presenten. Marcharemos a su lado, seremos un apoyo cuando lo necesite y buscaremos conducirlo a la reflexión. Pero en todo momento debe quedar en claro que la responsabilidad de las decisiones será suya, lo mismo que las consecuencias de sus actos.

En Romanos 12:15, la Biblia nos insta a llorar con el que llora y reír con el que ríe. Este versículo pone énfasis en que nuestra acción ha de concordar con la decisión que el otro tome. Muchas veces los jóvenes tomarán decisiones que les causarán alegría, y allí reiremos con ellos; otras, elegirán caminos que les causarán tristeza y allí, de la misma forma en la que antes reímos, lloraremos a su lado.

Tengamos presente que, en última instancia, la decisión final de recuperarse no depende de nosotros sino completamente de la otra persona. Nuestro lugar es estar **«a su lado».**

INFORMACIÓN ADECUADA PARA GUIAR AL OTRO EN EL CAMINO DE LA RECUPERACIÓN, SABIENDO QUE DIOS OTORGA LA SABIDURÍA

Para ayudar a los jóvenes que necesiten orientación, requeriremos tanto de la sabiduría que proviene de Dios como de la que se obtiene a través de adecuada formación, estudio y trabajo. Una no reemplaza a la otra. No es suficiente con estudiar la teoría ni con tener experiencia en el trabajo con aquellos que sienten atracción por personas de su mismo sexo. Tampoco alcanza con pedirle a Dios sabiduría para atender esta problemática. Una es un complemento de la otra. Servirnos de la sabiduría humana sin tener en cuenta la sabiduría divina es como conducir un poderoso auto solo en la primera marcha. Utilizaremos menos de una quinta parte de todo el poder del motor. Por otra parte, si solo nos basamos en la sabiduría divina, aunque sobre ella pese la promesa de la presencia de Dios y abundancia, pronto descubriremos que nos faltan herramientas para conducir a la persona en el camino de retorno a la heterosexualidad. Por esa razón, debemos buscar la guía de Dios y a la vez capacitarnos para desarrollar aquella sabiduría que depende de nuestro esfuerzo.

Más adelante encontrarán todo un capítulo destinado a lo que debemos saber sobre la recuperación. No obstante, en este punto quisiera recalcar algunos conceptos desde la óptica de lo que necesitamos para ayudar a otros. Es importante que como líderes desarrollemos una actitud permeable al conocimiento, que siempre busquemos aprender cosas nuevas y estar actualizados. No podemos quedarnos con información que leímos hace algún tiempo. La problemática que abordamos es dinámica. Esto quiere decir que adquiere aristas distintas a medida que se implanta e interactúa en diferentes sociedades. No es lo mismo la expresión social de la homosexualidad en mi país (la Argentina) que en el resto de América Latina. Y mucho menos en Europa. No tiene la misma incidencia el rol del padre en una sociedad machista que en una sociedad matriarcal. La actividad de los grupos pro homosexuales y su labor «proselitista» hace unas décadas no es igual a la de hoy. Esto nos obliga a estar actualizados y preparados para dar respuestas adecuadas a lo que pasa hoy en nuestra sociedad y por lo tanto en nuestras iglesias. De todos modos, el conocimiento que uno pueda acumular nunca reemplazará al poder de la revelación divina. Por el contrario, será la base sobre la que el Espíritu Santo construya la restauración completa e integral del ser humano, un acontecimiento de magnitudes divinas. Por lo tanto, seamos líderes completos, llenos de conocimiento y de poder divino.

CLARIDAD Y CONVICCIÓN EN LOS PRINCIPIOS CRISTIANOS: AMAR AL PECADOR Y NO AVALAR EL PECADO

El manejo equilibrado de conceptos como amar «al pecador pero aborrecer el pecado» es propio de un liderazgo maduro. Se trata del mismo sentimiento que Jesús tiene hacia nosotros: nos ama más allá de lo que hagamos, pero no puede amar aquello que hacemos fuera de su voluntad. He comprobado que el tratamiento de los jóvenes homosexuales experimenta grandes avances cuando ellos sienten de mi parte una expresión sincera y sana de amor, más allá de que esté en desacuerdo con lo que hacen. Crear un vínculo de amor puro con el joven será el mejor canal para la sanidad.

ES JUSTAMENTE EL AMOR REDENTOR DEL PADRE CELESTIAL EXPRESADO POR MEDIO DE NUESTRAS VIDAS LO QUE PERMITIRÁ AL JOVEN ABRIR NUEVOS ESPACIOS EN SU CORAZÓN PARA LA REDENCIÓN DEL MAL VÍNCULO CON SU PADRE TERRENAL.

Quisiera aclarar que no hablo de amar al otro sin mostrar desacuerdo con su pecado. Eso no sería amar. Hablo de amarlo más allá de su condición, de mostrarle con esperanza el camino para volver a empezar.

PERSEVERANCIA Y PACIENCIA HASTA ALCANZAR LA META. CADA PERSONA TIENE SUS TIEMPOS Y SUS PROPIAS POSIBILIDADES DE RECUPERACIÓN

Si Dios, que tiene el poder de cambiar a una persona con solo una palabra, limita su accionar a las decisiones que tome el individuo, ¡cuánto más nosotros! En el proceso de guiar a otros muchas veces nos sentiremos tentados a imponer cambios o a juzgar aquel que elija cosas que lo alejan de la meta de la recuperación. Debemos recordar cuánta paciencia tuvo y todavía tiene Dios con nosotros y del mismo modo esperar con fe el momento de ver su poder en la persona que atraviesa un proceso de búsqueda y cambio. Lo único que nosotros podemos hacer es ofrecerle una nueva dimensión para encarar este proceso de sanidad. Debemos ser pacientes y esperar sus tiempos. Muchas veces tendremos que consolarnos con un «ya lo entenderá», porque eso efectivamente será lo que ocurra a su tiempo. Reconocer esta realidad no implica que no señalemos sus malas decisiones y que lo confrontemos con la verdad. En cambio, pondremos a su alcance nuevas herramientas para la recuperación. Hasta allí llega nuestro trabajo, lo demás es un asunto entre Dios y la persona.

VALOR PARA LLEVAR ADELANTE ESTE MINISTERIO, AÚN RESISTIDO POR DETERMINADAS CORRIENTES DE PENSAMIENTO

Este ministerio encontrará oposición en muchos lugares. Al decir que trabajamos en la «recuperación» estamos poniendo a la homosexualidad como una desviación del plan original. Esto altera a muchos que creen que es una elección sana y correcta dentro de la voluntad de Dios. Por eso quienes se comprometan con este ministerio necesitarán valor y coraje.

Si esperan que las multitudes los aplaudan y elogien su labor, sería conveniente que buscaran otra actividad en la que servir a Dios, porque lo más probable es que encuentren resistencia en diversos ámbitos. Nos encontraremos con pastores que prefieren que de esos temas no se hable en su congregación. Lamentablemente, eligen ignorar esta realidad, tapar el sol con el dedo, antes que abrir espacios para que se ministre sanidad a aquellos que lo necesitan. También están aquellos pastores que solo se animan a orar, sin permitir que los jóvenes de sus iglesias reciban ayuda y ministración de forma profesional y sistemática. En otro frente tendremos a la pujante Iglesia Evangélica Homosexual, que proclama que la homosexualidad es una opción sana y confunde a miles de jóvenes, alejándolos de la verdad bíblica. No nos olvidemos de los movimientos pro homosexuales que buscan incidir en todas las áreas de la sociedad.

Estas son algunas de las características y habilidades que debe desarrollar el líder que desee ponerse al lado del joven que necesita emprender un camino de retorno a la identidad sexual con la que Dios lo creó. Seguramente la lista de condiciones podría ser más extensa, pero me he limitado solo a enumerar aquellas que a mi juicio constituyen las herramientas clave para ayudar a quien siente atracción por personas de su mismo sexo.

En el próximo capítulo incluimos algunas historias de jóvenes recuperados y en proceso de recuperación. Esperamos que los relatos confirmen en el corazón de nuestros lectores la importancia de desarrollar estas características en la vida de los líderes juveniles que sientan la carga de conducir a personas homosexuales hacia una recuperación.

[9]

¿Otras historias de amor?

9. ¿OTRAS HISTORIAS DE AMOR?

En este capítulo hemos incluido el relato verídico, en primera persona, de tres jóvenes que lucharon y luchan con deseos y vivencias homosexuales. Sus nombres y características personales fueron modificados a fin de preservar sus identidades. Confiamos en que conocer estas historias nos sirva para comprender y ayudar a otros. También que llene de fe, amor y esperanza el corazón de aquellos que luchan contra la misma realidad.

LA HISTORIA DE NATANAEL

«MI SECRETO A VOCES»

Era una personita llena de alegría, que no conocía la maldad ni el engaño. Tenía apenas cinco años y medio cuando mi mundo se derrumbó en un segundo. Mis padres, luego de varios meses de desacuerdos en su vida matrimonial, una tarde como cualquier otra, tras una gran pelea, decidieron separarse.

Fui testigo de esa pelea. Aterrado por lo que sucedía, corrí a la casa de mi abuela, que vivía al lado. Pero no la encontré. En cambio, estaba mi primo, que era ocho años mayor que yo y por quien sentía gran confianza y afecto. Fue allí, en aquella tarde, que mi primo, luego de haberme contenido, sin contemplación abusó sexualmente de mí. No entendía muy bien lo que sucedía pero en mi interior sabía que era algo malo. Mi primo amenazó con «romperme la cabeza» si decía algo, así que cuando llegué a casa no dije nada. Lo mantuve como «mi gran secreto». Creía que si contaba algo lastimaría a mis padres. Solo hice silencio y evité que notaran lo que me había ocurrido.

Por aquellos días, mi madre estaba enseñándome a bañarme. Así que podía bañarme solo y luego ella me revisaba para confirmar si lo había hecho correctamente. Recuerdo aún el terror que sentí cuando noté que salía sangre de mi cuerpo. Esos abusos se repitieron durante los siguientes tres años. La verdad es que no sabía cómo ponerle fin a esa situación, y tampoco podía.

Una tarde, mientras mi primo abusaba de mí, mi madre comenzó a llamarme. Noté que mi primo se ponía muy nervioso. Entonces tomé la decisión de acabar con aquello. Lo amenacé con contar todo si seguía obligándome a tener sexo con él. Sus abusos dañaron mucho mi identidad sexual. Era algo terrible para mí.

Los años pasaron y en la adolescencia sentía que yo era diferente a los demás muchachos de mi edad. Aunque las mujeres no pasaban desapercibidas para mí, no lograban llamarme tanto la atención como los muchachos. Sentía un gran conflicto en mi interior.
Mis sentimientos y pensamientos parecían no ponerse de acuerdo jamás. Aunque los muchachos me atraían, yo no deseaba tener intimidad con ellos, pero me resultaba inevitable sentir de esa manera.
Por aquellos días, un vecino nos contó sobre el amor de Dios hacia nosotros, así que como familia nos acercamos a la iglesia evangélica del barrio. Nos recibieron con mucho cariño. Hacia seis años que mis padres estaban separados y habíamos pasado por necesidades de todo tipo. En nuestras oraciones siempre clamábamos que Dios ordenara nuestras vidas. Así fue que al cuarto día de recibir al Señor, papá volvió a casa y nunca más nos separamos. ¡Que alegría!

Pero, aunque amaba a papá sentía que él era mi gran enemigo. De alguna manera lo culpaba por no haber estado allí para protegerme. Nos costó mucho tener una buena relación. Yo ya tenía casi doce años y estaba en la plenitud de mi rebeldía adolescente.
En la iglesia me hice amigo de muchos chicos de mi edad. En especial del hijo de uno de los líderes que era muy amado por todos, además de muy atractivo. En muy poco tiempo su familia y la mía eran íntimas. Pasábamos muchas horas juntos, en su casa o en la nuestra.

Una tarde, jugando a la guerra de almohadas, caí al suelo y él cayó sobre mí. Aunque fue sin otra intención, algo me sucedió dentro del corazón. La próxima vez que jugamos sucedió lo mismo y no pudo evitar besarme, así que comenzamos una relación homosexual que ni él ni yo habíamos planeado. Duró un año; así como apareció, desapareció. Para él fue pasar por una experiencia más, pero en mi caso, él se convirtió en el centro de mi vida. A partir de entonces, me permití experimentar estos sentimientos, con mucho cuidado. Jamás quise ser gay, solo me sucedió y yo lo acepté; pero no inducía a que ocurriera.

Pasó el tiempo y mis padres se convirtieron en pastores de la iglesia. Luego de ponerme de novio con distintas chicas de la congregación, decidí casarme con Nataly. Llevábamos dos años de novios y yo sentía algo muy especial. Pero, dos meses antes de casarnos, ella me obligó a tener relaciones sexuales. Eso nos causó una gran decepción y crisis, entonces decidimos cortar la relación. Fue durísimo para ambos. Yo caí en una gran depresión y en medio de esa experiencia fatal me acerqué a Dios y le confesé mi «secreto a voces». Si él podía hacer algo, debía hacerlo en ese momento. En medio de una mudanza encontré un diario cristiano muy viejo. Un anuncio me llamó la atención: «Retorno a la vida». Hablaba de un ministerio de restauración para personas con problemas de identidad sexual. Lo tomé como una respuesta de Dios. Se abría ante mí un panorama esperanzador, pero...

Como yo era hijo de un ministro, no podía pedir ayuda en la iglesia porque me juzgarían y lastimarían. Por aquella época había comenzado a estudiar fotografía y allí me hice amigo de Verónica, un ser especial a quien le confié lo que me pasaba. Ella me dio su apoyo incondicional, pedimos una entrevista y me acompañó a encontrarme con Mabel Borghetti. Nunca olvidaré ese día; estaba aterrado. Jamás le había contado a nadie lo que me había pasado. Pero pude hacerlo y entonces, un tiempo nuevo llegó.

Ha sido difícil transitar hacia mi sanidad, pero hoy puedo contar «mi secreto a voces» porque he hallado libertad de las cadenas que me oprimían sexualmente. El Señor no solo ha cambiado mi manera de pensar y sentir, sino que hasta mis expresiones físicas han cambiado. Sé que debo seguir trabajando todavía en algunos detalles muy pequeños, pero sin lugar a dudas hay un camino de «Retorno a la vida», a la libertad, al placer de estar vivo y ser amado con amor real.

Si estás leyendo esto y hay un dilema en cuanto a tu orientación, no dejes de buscar la respuesta. Hay una vida nueva que espera por ti. ¡No bajes los brazos! Se puede ser feliz y libre.
Un versículo bíblico me impactó y ayudó mucho: 1 Corintios 6:9-11. Allí Pablo dice que en Corinto había ex-homosexuales cambiados por el amor de Dios. Aun hoy sigo viendo en mí al Dios de milagros.

LA HISTORIA DE PEDRO

Esta es la historia alguien al que llamaremos Pedro. Un día llegó a nuestro grupo, como cualquier joven que se asoma por primera vez a una iglesia. Dio con nosotros luego de un largo peregrinaje en búsqueda de ayuda. Él es miembro de una iglesia católica. Su relato da cuenta de cómo la recuperación es un proceso de continuo cambio.

EL ABRAZO DEL PADRE

Me gustaría contar mi historia para que sirva de ejemplo o de sostén a aquel que desee salir de la homosexualidad.

Sería imposible pensar en mi infancia con la típica imagen del niño sonriente. He tenido un padre que siempre se mostró distante, imperativo y humillador. Nunca me demostró afecto. Por eso, al identificar la imagen de hombre con la de mi padre, empecé a alejarme de todo patrón de identificación psicosexual masculino. Todo esto hizo que me sintiera poco identificado con mi sexo biológico. Me sentía incapaz de relacionarme con personas de mi mismo género y de realizar actividades socialmente consideradas de «varones». Comencé a interesarme por tareas artísticas y a distanciarme de los deportes como el fútbol, tan popular entre los niños en edad escolar. Esto generó que mis compañeros se burlaran de mí y me discriminaran por mis inclinaciones. También, por mi poca habilidad atlética, cada vez se me aislaba más del grupo. Comencé a vivir en un estado permanente de angustia, depresión y bronca. Lo peor de todo fue que desde muy temprana edad empecé a cuestionar mi sexualidad, a raíz de las acusaciones que recibía.

Cuando entré en la adolescencia, estos sentimientos siguieron acompañándome y con el advenimiento del normal deseo sexual, sentí grandes interrogantes y obsesiones acerca de mi orientación sexual. La discriminación y la soledad, así como la lejanía de mi padre, se incrementaron aun más. Todo eso me generaba más y más angustia.

Entonces comenzaron a aparecer fantasías y atracciones homosexuales. Inconscientemente sentía que toda mi depresión por la problemática social y familiar se «mezclaba» con el deseo sexual, y daba lugar a esas fantasías. En estos pensamientos aparecía la envidia de lo «ajeno». El deseo de tener lo que no tenía, aquello de lo que carecía, jugó un papel importante en mi historia. Era un mecanismo para «captar» lo que me faltaba: cariño, contención, identificación y atención por parte de personas de mi mismo género.

Paralelamente, sentía que la homosexualidad no era para mí porque iba en contra de mis proyectos para el futuro, como la posibilidad de formar una familia, tener hijos, casarme, y sobre todas las cosas respetar la Palabra de Dios que proclama la procreación y la familia. Fue bastante complicado encontrar la ayuda profesional que yo necesitaba. La desesperación de saber que no contaba con apoyo agudizaba más la angustia que sentía ante cualquier situación triste o conflictiva. Pero a veces el dolor nos hace reflexionar y de a poco comencé a deducir que mi tendencia hacia la homosexualidad se debía en gran medida a la falta de identificación con mi padre, a esa tan mala y conflictiva relación que nos separaba. Intenté saciar esa carencia tan intensa buscando en otros hombres lo que mi padre no me había provisto, y sintomáticamente comencé a sentir atracción sexual por ellos.

Desde el momento en que tomé conciencia de eso, mis fantasías y atracciones sexuales hacia las personas de mi mismo género comenzaron a decrecer. Identifiqué que mis pensamientos homosexuales siempre involucraban a personas un tanto mayores que yo. Mis fantasías decrecieron en contenido homoerótico y se limitaron a la parte sentimental, como sentirme abrazado y contenido, tal como lo haría un padre cariñoso con su hijo. Luego de un tiempo, estas últimas fantasías también declinaron en cantidad, y paulatinamente fui tomando la imagen de Dios como Padre y su amor restauró poco a poco mis vacíos y dolores sentimentales.
Actualmente las fantasías homosexuales aparecen en mi mente con una frecuencia bastante baja. La atracción hacia los hombres es bastante infrecuente y el deseo sexual por las mujeres ganó terreno como un hecho de madurez y estabilidad emocional y espiritual. No está de más destacar la gran ayuda que me brinda día a día la religión. Hoy siento al Señor como mi Padre y aprecio su compañía en este largo camino. Considero que sin su ayuda hubiese resultado muy difícil o imposible el cambio.

Mi historia es un ejemplo más de que las personas pueden lograr un cambio en su orientación sexual. Mucho se dice de la imposibilidad de este cambio, pero nunca se ha justificado científicamente. Es por ello que invito a todos aquellos que se sientan desesperanzados a animarse a descubrir que también para ellos hay una vida llena de amor, estabilidad, paz y sabiduría. Lamentablemente, en los medios de comunicación, en la calle y en muchos sectores de la sociedad escuchamos que la gente se mofa de nuestra decisión de optar por el cambio. Sin embargo, animo a que escuchemos a Dios y a nuestro corazón, que de seguro darán señales más sabias y firmes. De allí en más, siempre debemos elegir seguir nuestras fuerzas internas y no inclinarnos a prácticas que la sociedad impone como modernas para ganar aceptación de terceros.

Mi historia, como tantas otras, es una prueba fiel de que el cambio es posible. Decir que es posible no significa que sea sencillo. Voluntad, autodeterminación, poder de decisión y fe en Dios son las actitudes que necesité adoptar para lograr el cambio. También fue fundamental encontrar un grupo de ayuda y un terapeuta que me acompañan en este largo camino.

La historia de Nicolás

En cierta oportunidad en la que dictaba clase a los alumnos del doctorado en teología de un seminario en Buenos Aires, uno de los estudiantes me preguntó cuál era una de mis frustraciones, a lo que contesté: «Nicolás».

Nicolás es un joven con un potencial enorme. Muy capaz intelectualmente y con grandes habilidades para relacionarse, pero todavía no he visto en él los cambios que me gustaría ver. Incluimos su historia para que podamos orar por él y a la vez, seamos capaces de extraer más información sobre las posibles razones de la homosexualidad.

**«ENCONTRÉ A ALGUIEN SIEMPRE DISPUESTO
A ESCUCHARME Y A CONSOLARME»**

Me llamo Nicolás y tengo veintidós años. Nací en Buenos Aires. Soy el menor de tres hermanos, y como casi todos los últimos hijos, llegué de sorpresa. Desde que nací me llevé bien con mi mamá, compartíamos cosas y nos reíamos mucho. La acompañaba a todos lados y no había día que no le dijera cuánto la quería.

Con mi hermana mayor no tenía problemas. Me cuidaba y me mimaba mucho. Pero con mi hermano siempre nos peleábamos. Éramos muy distintos. Para colmo, dormíamos en el mismo cuarto, algo que empeoraba las cosas. Siempre había un motivo para pelear: si no era por lo desordenado que dejaba todo, era porque usaba mis cosas. Obviamente nos corríamos por toda la casa para golpearnos el uno al otro.

La relación con mi papá tampoco fue muy buena desde el comienzo. Él trabajaba mucho, así que con nosotros casi no estaba. No me acuerdo de que haya jugado conmigo ni con mis hermanos a nada. Volvía cansado del trabajo y había que atenderlo. Era el señor de la casa. Mi padre se llevaba mejor con mi hermano que conmigo, ya que eran bastante parecidos y compartían la pasión por el fútbol. Mi papá era árbitro y algunas veces lo llevaba a la cancha. Cuando era chico, yo también jugaba pero no me gustaba mucho. Creo que solo era para contradecir a mi papá. Como árbitro, en distintas oportunidades tenía que viajar por unos días y para mí era toda una liberación. Disfrutaba de su ausencia. Mientras crecía, vi y viví muchas cosas que aún hoy me afectan. Aunque papá vivía con nosotros, siempre me sentí lejos de él. Cada día me alejaba más y el rechazo que sentía por él era más fuerte. No me gustaba que me besara ni que me abrazara. Le borraba los besos y eso era una forma de «castigarlo» por todo lo que nos hacía a mi mamá, a mis hermanos y a mí.

Mi padre siempre tenía algo que decir, corregir y criticar. Y en todo creía tener la razón. No aceptaba opiniones y en casa se hacía lo que él quería. Para él, todos eran unos tontos.
Crecí viendo cómo mi papá maltrataba a mi mamá. Cuando se peleaban, que era bastante seguido, le decía de todo. La insultaba y se revoleaban cosas. Me acuerdo que una vez hasta llegaron a las manos. Muchas veces se peleaban de noche. Como mi cuarto estaba en el primer piso, yo me levantaba en la oscuridad y caminaba sin hacer ruido hasta la escalera para escuchar cómo discutían. Recién cuando se calmaba el ambiente volvía a mi cama.

Muchas veces vi a mi mamá sufrir y llorar. Esa herida me alejó más y más de mi papá. No podía entender cómo podía causarle tanto dolor y tratarla tan mal. Muchas veces pensé que la iba a matar. Pero al rato se le pasaba y actuaba como si nada hubiese sucedido. Eso me daba más bronca, porque después de tanto lío, de pelear por cualquier pavada, mi mamá se quedaba mal y él, como si nada.

En casa todos teníamos miedo de hacer algo que lo hiciera enojar. Vivíamos tratando de evitar problemas. Más o menos teníamos que «volar» ya que no podíamos tocar las paredes porque se manchaban, la escalera se rayaba, la alfombra se ensuciaba y ni pensar si llegábamos a romper algo. Teníamos pánico de que volviera del trabajo y nos castigara. Una vez, mi hermano usó una radio suya y se le rompió. Con mi mamá tratamos de pegarla, pero obviamente, él se dio cuenta. Entonces tomó un palo de escoba y subió al cuarto. Mi hermano dormía. Le pegó tanto que el palo se rompió y mi hermano se hizo pis en la cama. Lo mismo le ocurrió a mi hermana una vez que mi papá le explicaba un ejercicio de matemática que ella no entendía, él le gritó tanto que no aguantó.

Siempre que se enojaba y nos golpeaba con lo que tenía cerca. Sino no era la mano, eran las pantuflas, o las zapatillas, o el cinturón. Junto con los golpes venían los insultos y las malas palabras: el «No sirves para nada», «No haces nada bien», y a veces algún recuerdo para mi mamá también. Viene a mi mente la imagen de cuando mi papá me pegaba, y yo lloraba mientras mi mamá trataba, en vano, de frenarlo.

Así crecí, en medio de insultos y frases despectivas. Llegué al punto de desearle la muerte. Fantaseaba con lo bueno y feliz que sería todo sin él. Con el paso del tiempo descarté esa idea, pero sin embargo lo fui matando en vida. No le hablaba, no lo escuchaba, cuando él llegaba a casa me iba a mi cuarto para no verlo. Nuestra comunicación se redujo al momento en que le pedía la plata de la cuota del colegio. A mis dieciséis años me encontré, sin quererlo ni planearlo, luchando con pensamientos homosexuales, la pornografía y la masturbación. Esto no lo podía compartir con nadie, y mucho menos con mi familia. Me daba vergüenza y miedo. Trate de taparlo y cambiarlo pero no pude. Fue más fuerte que yo. Pronto me vi en diferentes lugares tratando de saciar mis deseos sexuales. A los dieciocho años, cuando mi madre por fin se separó, decidimos irnos a vivir a Mar del Plata (a 400 kilómetros de Buenos Aires) para iniciar una nueva vida. Allí mi vida sexual tomó aun más vuelo. Me encontraba con otros chicos gays en bares y cines. Todo era parte de mi doble vida: asistía a la iglesia los fines de semana y era otro durante la semana. Un día decidí comentarles mis vivencias a unos amigos de la iglesia. De ellos solo recibí reclamos, quejas, rechazo y abandono.

Más tarde viajé al exterior como parte de un programa misionero. Mi idea era buscar allí el cambio y la sanidad. Sabía que estaba mal lo que hacía, que a Dios no le agradaba, pero no sabía cómo hacer para cambiar. No pasó mucho tiempo hasta que, durante ese viaje, volví a caer y eso fue fatal. Me sentí mentiroso e hipócrita. Al regresar del viaje, abandoné mi lucha, abandoné la iglesia y comencé a vivir una vida homosexual. Pasaron algunos años y siempre tuve en mente que eso que vivía no era el propósito de Dios. Entonces me dispuse a buscar ayuda. Estoy en pleno proceso de cambio. Hoy, Dios me está ayudando a sanar algunas de las áreas de mi vida que se vieron afectadas por la mala relación con mi papá y que me hicieron sentir inseguro o no valorado. Y aunque todavía estoy en proceso, sé que en Dios encuentro a alguien que me acepta, que me ama como soy y que siempre está dispuesto a escucharme y a consolarme.

[10]

El camino de la recuperación

10. EL CAMINO DE LA RECUPERACIÓN

Antes de adentrarnos en el tema de la recuperación, quisiera que nos deshiciéramos de un par de mitos que nos han lastimado mucho. Quizás algunos se molesten conmigo por exponer este tipo de argumentos en el capítulo de la recuperación, y quizás a otros les perturbe que rompa los castillos que han construido en el aire. Pero es necesario que nos enfrentemos con la realidad si queremos ser eficaces al momento de ayudar a otros o a nosotros mismos en la recuperación de la identidad sexual.

El primer mito que quisiera desterrar es que la recuperación es mágica. Creo en el poder de Dios, creo en el milagro divino a nuestro favor y en su amor que cubre multitud de pecados, pero la mayoría de los testimonios de recuperación de una identidad de género masculina en jóvenes que sentían atracción por personas del mismo sexo, indican que ha sido un proceso que llevó tiempo, esfuerzo, fuerza de voluntad, apoyo familiar y de las amistades, consejería y mucha comunión con Dios. No fue mágico, ni se dio de la noche a la mañana. Se produjo a lo largo de un camino. Y lo más hermoso de la recuperación es transitar por ese camino.

El segundo mito que quisiera despejar es que la recuperación como heterosexual no debe conducir forzosamente a una boda. Matrimonio no es sinónimo de heterosexualidad. Muchos jóvenes creen que si se ponen de novios y se casan, lograrán alejarse de la homosexualidad. Lo que sucede es todo lo contrario. No solo siguen luchando con sus pensamientos y deseos sexuales, sino que se suman nuevas responsabilidades e historias a su problema. Muchos sucumben ante este panorama y desarrollan conductas más destructivas que las anteriores. El noviazgo heterosexual como estrategia no es un camino hacia la recuperación, sino más bien hacia una mayor confusión.

El tercer mito que quisiera desechar es que la recuperación es real si nunca más se experimentan tentaciones homosexuales. Una persona «recuperada» se libera de la adicción sexual que la domina, aprende a vivir fuera de la práctica y la atracción homosexual, pero reconoce que tuvo y tiene una debilidad en esa área. Por ende, es responsable de las acciones y decisiones que tome luego de «recuperarse». Debemos aclarar que el tema de la recuperación es sumamente controvertido dentro y fuera de la iglesia. Es un error creer que aquella persona que ha vivido por años bajo el dominio de una inclinación sexual determinada, podrá ser totalmente inmune a ella en el corto plazo o que nunca más pasará por un «valle de sombras». Por el contrario, la persona que recuperó su identidad sexual es madura y responsable cuando se cuida de lo que ve y oye en todo momento, y no se fía de su propia recuperación. Quizás sea más sencillo visualizar esta idea en un adicto al alcohol. Aun teniendo el cuerpo descontaminado, sabe que reunirse con sus viejos amigotes alcohólicos o ser miembro de algún club del vino, o leer literatura vitivinícola, o simplemente tomar vino durante una reunión es una conducta irresponsable y que puede conducirlo a una recaída. Decir que no a ciertas situaciones o invitaciones no significa dudar de la propia recuperación sino no fiarse de la propia humanidad. Implica reconocerse como un ser vulnerable. Por eso, si una persona cree que nunca más tendrá problemas con la homosexualidad, lamento comunicarle que quizás no esté en camino hacia una recuperación total y que tiene serias posibilidades de tomar malas decisiones en el corto plazo. Seamos sabios y reconozcámonos vulnerables como «cualquier otro mortal». Esto nos permitirá tomar las precauciones del caso.

Uno de los primeros logros del proceso de la recuperación es desarrollar una equilibrada autoestima. Un denominador común entre los jóvenes homosexuales es una muy baja autovaloración y un pobre concepto de ellos mismos. Evidentemente, el haber atravesado la niñez y la adolescencia sintiéndose marginados y extraños, y con un mal vínculo con los padres, no ha sido inocuo. Por ende, dentro del proceso de recuperación, el desarrollo de una sana autoestima es un buen indicador de que la sanidad ha comenzado. Se ha dicho mucho acerca de la autoestima, pero en función del tema que nos convoca, quisiera exponer algunos de los puntos relevantes.

Quien sea el que acuñó la expresión «Mejor es callar y que te crean tonto que hablar y asegurarlo» proporcionó una buena definición de una autovaloración baja.
La autoestima se origina en los primeros años de la vida del individuo, en interrelación con las conductas de los padres, amigos y el entrono social en general. Como señalamos en capítulos anteriores, es frecuente que los jóvenes que sienten atracción por personas

del mismo sexo hayan tenido durante la niñez un tipo de vínculo con sus padres (y con sus amigos) que construyó en su interior un pobre concepto de ellos mismos. En general, el grado en que nos sentimos cómodos con nosotros mismos está relacionado con el buen funcionamiento de muchísimas áreas de nuestra vida. Una sana autovaloración será necesaria para disfrutar de una pareja, para alcanzar éxito en un proyecto o en una entrevista laboral, parar aceptar trabajos dignos, para poner limites a nuestros amigos, hijos, padres o pareja, para competir frente a otros por un puesto o premio, y otras cosas.

La autoestima se manifiesta en las relaciones con otras personas. Las personas que se sienten bien con ellas mismas tienen tendencia a generar buenas relaciones interpersonales a causa de sus sentimientos positivos hacia los demás, que resaltan lo mejor de aquellos que las rodean y por ende recogen la aceptación del entorno. Un cliché que contiene más que un vislumbre de verdad es que «una persona que se siente bien consigo misma hace que las otras personas se sientan bien con ellas mismas también". Como parte de la recuperación es fundamental que el joven logre una correcta autoestima. Durante ese proceso, a modo de logros intermedios, es recomendable que adquiera algunos de los siguientes hábitos:

- Disfrutar de las cosas más allá del «qué dirán», quitando la atención de los demás para pasar a ser protagonista de la propia vida.

- Reconocer las propias debilidades sin caer en un proceso de victimización y autocompasión.

- Aceptar que otro le muestre sus falencias, sin interpretarlo como un ataque personal, una agresión o una muestra de menosprecio.

- Aconsejar al joven que se enfoque en aceptar y agradecer los halagos de los otros frente a sus logros sin dar explicaciones.

- Ayudarlo a ver que no es conveniente buscar imperfecciones o defectos en los demás para auto convencerse de que, después de todo, uno realmente no es tan malo.

- Aprender a sentirse inteligentes, atractivos, competentes y demás, sin necesariamente ser las personas más inteligentes, atractivas y competentes del entorno.

- Desarrollar con las personas del mismo sexo vínculos sanos, que no impliquen seducción ni erotismo.

Estos son algunos de los logros a alcanzar dentro del desarrollo de una equilibrada autoestima. Hay también otros logros necesarios como parte de la recuperación.

UNA VICTORIA PROGRESIVA FRENTE A LAS TENTACIONES

Hay dos palabras de este subtítulo que me encantan: «progresiva» y «frente». El término «progresiva» me gusta porque la mayoría de los jóvenes que me consulta quiere que la victoria llegue de la noche a la mañana. Como líderes debemos entender que la victoria sobre a la pornografía es progresiva, al igual que la victoria frente a la masturbación y al deseo sexual por personas del mismo sexo. La victoria radica en que esta semana, el joven al que estamos orientando vea menos pornografía que la semana anterior; en que no se masturbe la cantidad de veces que lo hizo la semana pasada y en que cada día sea más firme al decir «no» frente a la tentación de mirar o seducir a otro joven. Por otro lado, nosotros como líderes debemos alentarlo cuando se producen cambios, por minúsculos que sean, y animarlo a seguir adelante y no bajar los brazos.

La otra palabra que me gusta es «frente», porque para tener algo enfrente hay que reconocer que uno lo tiene y que quiere enfrentarlo. Hay tres condiciones fundamentales para la recuperación: reconocer que sufrimos tentaciones, que tenemos una estrategia para vencerlas y que nos disponemos a cambiar. Esto me da pie al siguiente punto de la recuperación.

SOSTENER LOS CAMBIOS DE HÁBITO EN EL TIEMPO

Durante la recuperación, la persona no solo reconoce su debilidad, sino que también la enfrenta y encuentra victoria sostenida a lo largo del tiempo. No estoy diciendo que no tenga retrocesos. Eso nos pasa a todos los que nos disponemos a vencer una debilidad: damos tres pasos adelante y retrocedemos dos. La recuperación es un hecho cuando existe un avance, aunque sea lento, sobre nuestras debilidades. Como dijimos antes, la recuperación implica el cambio de hábitos. Hábitos en el vestir, en el modo mover las manos, en la manera de hablar y en el tono de voz. Y hasta en la forma de relacionarnos con los jóvenes del mismo sexo. Estas conductas han sido desarrolladas, usadas y practicadas durante mucho tiempo. Es necesario tener paciencia con el joven para que se esfuerce en cambiar, aunque le parezca difícil o imposible. Al sostener en el tiempo este cambio de hábitos, se encontrará dando pasos que lo aproximan a la recuperación.

RECONOCERSE EXTRAÑO EN EL ESTILO DE VIDA PASADA

En esta fase, escucharemos al joven decir: «Porque esto era yo»; «Porque esto hacía...» o «No entiendo cómo aceptaba tal cosa»; «No comprendo por qué no hacía tal otra», o «¿Cómo es que pensaba que nunca me iba enamorar de una mujer?»

Veremos que se identifica como responsable de su pasado, pero ya no se siente atado a él. Que toma decisiones para cuidarse a sí mismo, aunque a esta altura sea un hombre libre de su antiguo estilo de vida.

En esta nueva etapa de la recuperación, el joven está listo para encarar responsabilidades hacia otras personas. Por ejemplo, ponerse de novio, casarse, liderar un grupo, acompañar a otros en el proceso de crecimiento, o formar una familia. No es que antes no tuviera las condiciones para hacerlo. Por el contrario, aquellos jóvenes que luchan con la atracción que sienten por personas del mismo sexo son sumamente talentosos e inteligentes. Sucede que antes su corazón, y especialmente su sexualidad, no estaba en condiciones de hacerlo en forma seria.

IDEAL FINAL: PREVENCIÓN ESTRATÉGICA

Es muy probable que la razón que te ha impulsado a leer este libro sea que quieres ayudar a algún joven en tu iglesia o de tu grupo familiar que atraviesa por esta problemática, y de corazón espero haberte sido útil en cuanto a satisfacer tu necesidad y la de tus seres queridos, aunque sea en pequeña escala. Pero también es posible que hayas escogido este libro para prepararte mejor para la realidad de que en tu contexto cada vez hay más preguntas acerca de la homosexualidad. Y ahí hay algo que me entusiasma, porque seamos claros: Es muy posible que hoy tendríamos muchos menos problemas de homosexualidad si hubiera líderes preparados para ayudar a los jóvenes aun desde su niñez a recibir una correcta orientación sexual. La iglesia es vital en este proceso y como espero que haya quedado claro en el libro: no es suficiente con condenar escondidos detrás de un púlpito.

Por eso te invito a comprometerte con el desarrollo de programas y espacios que fomenten una familia sana y por ende una niñez y una adolescencia más sanas. La pastoral infantil y la pastoral juvenil son vitales para la vida de la iglesia. Recordemos que la mente de los niños incorpora los valores de la sexualidad y de la genitalidad según lo viven en sus casas o entornos Y claro que no podemos meternos en cada hogar, pero podemos aprovechar el ámbito de la iglesia y las relaciones interpersonales para contribuir a educar en el proceso de desarrollo de la identidad sexual, mientras el niño desarrolla su identidad biológica. Prevenir es siempre mejor que curar, y Dios quiera que en los próximos años se levanten más líderes y educadores cristianos mejor formados en cuanto a cómo ayudar a cada nueva generación a desarrollar una sexualidad sana y plena.

BIBLIOGRAFÍA COMPLEMENTARIA

Barton Bablege, Stuart, *Dios creó el sexo*, Editorial Certeza.

Carvalho, Esly , *Cuando el homosexual pide ayuda*, Editorial Certeza.

Cinalli, José Luis y Silvia, *Homosexualidad*, Editorial Lux.

Comiskey, Andrew, *Tras la identidad sexual*, Desert Stream Press.

Comiskey, Andrew, *Contra la corriente*, Desert Streams Press.

Comiskey, Andrew, *Aguas Vivas*, Desert Streams Press.

Consiglio, William , *No más homosexualidad*, Editorial Centros de Literatura Cristiana.

Hobizal, Phillip y Wade, Rebecca, *Recuperando lo que nos pertenece*, Portland Fellowship.

Sansano, Ricardo, *Homosexualidad, el fin de la raza*, Editorial Clie.

Schmiere, Don, *Celebrando el diseño de Dios*, His Servants.

White, John, *Hacia la sanidad sexual*, Editorial Certeza.

Fundación Grupo Integra
11 de Septiembre 4679 PB
Ciudad de Buenos Aires
Argentina
+ 54 (011) 4701-3059
dirección@grupointegra.org
www.grupointegra.org

Ministerio Restauración
Ciudad de Córdoba
Argentina
+54 (351) 474-5599
info@restauracion.org.ar
www.restauracion.org.ar

Fundación de la Ciudad
Av. Castelli 314. CP 3500
Resistencia, Chaco. Argentina
+54 (03722) 42-1657 o 43-8000
info@placeresperfectos.com.ar
www.placeresperfectos.com.ar

Exodus Latinoamérica
Apdo. Postal 4-25
Cuernavaca, Mor. 62451
MÉXICO
+52 (777) 317-8424
info@exoduslatinoamerica.org
www.exoduslatinoamerica.org

Especialidades Juveniles
De todo para líderes de la nueva generación.
www.especialidadesjuveniles.com

Los Fundamentos
del ministerio juvenil sano

Mike Yaconelli
Con Lucas Leys y Mark Oestreicher

Mike Yaconelli

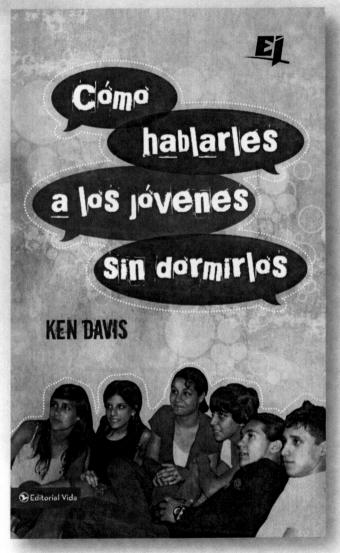

Ken Davis

Jim Hancock - Rich Van Pelt

  Vida®

 Especialidades Juveniles.com

Félix Ortiz - Annette Gulick - Gerardo Muniello

Nos agradaría recibir noticias suyas.
Por favor, envíe sus comentarios sobre este
libro a la dirección que
aparece a continuación.
Muchas gracias.

vida@zondervan.com
www.editorialvida.com

CPSIA information can be obtained at www.ICGtesting.com
Printed in the USA
LVOW11s0253111013

356310LV00003B/10/P